Kirsten Buchecker
Das Lopino-Kochbuch

Kirsten Buchecker

Das Lopino-Kochbuch

ALTERA

Kirsten Buchecker beschäftigt sich seit Jahren wissenschaftlich mit vegetarischer Ernährung.

Inhaltsverzeichnis

Bewußte Ernährung bedeutet nicht nur die stärkere Einbeziehung pflanzlichen Eiweißes in den Ernährungsplan, sondern auch Abwechslung und Vielfalt als gesunde Lebensweise zu berücksichtigen. Bei dieser Betrachtungsweise kommt der Lupine als Nahrungsmittel neue Bedeutung zu, da die Sojabohne heute bei der Ernährung mit pflanzlichem Eiweiß eine herausragende Rolle spielt. Dabei werden nicht nur die Sojabohnen selbst, sondern auch die Verfahren zur Herstellung und Zubereitung der Mahlzeiten importiert. Die Lupine allerdings kann in Europa angebaut werden und stellt damit eine interessante Nahrungseiweißquelle dar.

Schon Hippokrates wußte die Lupinen zu schätzen und hob sie von anderen Leguminosen lobend ab. Als Kulturpflanze hat die Lupine daher eine lange Geschichte, wobei ihr Wert zur Ernährung von Mensch und Tier in vielen Teilen der Welt bekannt ist.

Lupinen gehören zur Gruppe der Leguminosen und sind damit den einheimischen Bohnensorten und der Sojabohne eng verwandt. Im Eiweißgehalt sind die Lupinen der Sojabohne sogar überlegen, wobei das Lupineneiweiß dem Sojaeiweiß in seiner Wertigkeit nahesteht. Besonders vorteilhaft ist, daß in der Lupine die verdauungshemmenden Substanzen anderer Bohnenarten nicht vorkommen. Dabei weist die Lupine einen für Leguminosen außergewöhnlich hohen Gehalt an Vitaminen auf, wobei die Vitamine A_1, B_1, B_2 und das in Pflanzen sonst nicht vorkommende B_{12} hervorzuheben sind. Das Lupinenöl besteht zu 85 % aus einfach ungesättigten und mehrfach ungesättigten Fettsäuren und enthält einen hohen Anteil an Lezithin.

Der Trend, in der Ernährung mehr pflanzliches Eiweiß einzusetzen, hat bisher die Lupine weitgehend unberücksichtigt gelassen. Neue Lupinensorten geben zusammen mit neuen Verfahren zu Gewinnung des Eiweißes die Möglichkeit, diesen Verzug aufzuholen. Daher werden Rezepte und Zubereitungen beschrieben, die dieses Lebensmittel als Erweiterung und Abwechslung im Ernährungsplan vorstellen.

Lupineneiweiß kann als eigenständige Mahlzeit gebraten oder gekocht werden oder als Zutat in Suppen und Salaten verarbeitet werden. Seine besondere Vielfalt zeigt sich darin, daß ebenso Dressings wie Puddinge und Cremes aus diesem Lebensmittel zubereitet werden können.

Dr. Jürgen Schallenberg
Institut für Lebensmitteltechnologie
und Bioverfahrenstechnik
Bremerhaven

Vorwort

Was ist Lopino?

Lopino ist ein neues pflanzliches Nahrungsmittel, gewonnen aus dem Eiweiß des Samens der heimischen Süßlupine. Die Herstellung von Lopino wurde möglich durch die Entwicklung eines Verfahrens, das das Eiweiß der Lupine zur Gerinnung bringt. Durch Abpressen der Molke entsteht das schnittfeste Lopino.

Die für die Herstellung des Lopinos verwendeten Süßlupinen entstammen aus dem kontrolliert ökologischen Anbau. Aus ökologischer Sicht bedeutet dies eine Vermeidung zusätzlicher Schadstoffeinträge in den Boden, aus ernährungsphysiologischer Sicht eine starke Verringerung der Schadstoffbelastung in unserer Nahrung.

Lopino hat eine ansprechende hellgelbe Farbe, ist von schnittfester Konsistenz und läßt sich gut zu cremigen Gerichten verarbeiten. Aufgrund der ernährugnsphysiologischen Zusammensetzung spielt Lopino eine wichtige Rolle für die vegetarische, besonders für die rein pflanzliche Ernährung.

Lt. Untersuchungsergebnissen der LUFA Kiel, (Landwirtschaftliche Untersuchungs- und Forschungsanstalt) enthalten 100 g Lopino 3,7 µg Vitamin B_{12}. Bei der rein pflanzlichen Ernährung ist dies ein großes Problem, da die zu geringe Vitamin B_{12}-Zufuhr auf Dauer zur Anämie (Blutarmut) führt. Der Vitamin B_{12}-Gehalt liegt beim Lopino für ein pflanzliches Nahrungsmittel sehr hoch, in 100 g Lopino sogar oberhalb der von der DGE (Deutsche Gesellschaft für Ernährung) empfohlenen täglichen zuzuführenden Menge (3 µg).

Auch die sonstige ernährungsphysiologische Zusammensetzung von Lopino kann sich für Vegetarier und Nicht-Vegetarier sehen lassen. Nur ein kleiner Vergleich: 200 g Lopino entsprechen etwa 330 g Fleisch oder sogar 400 g Tofu.

Verarbeitungshinweise

Mit Lopino lassen sich die unterschiedlichsten Speisen zubereiten, wie Vorspeisen, Suppen, Saucen, Aufläufe, Pasteten, Desserts oder Brotaufstriche.

Vorbereiten

Vor dem Zubereiten von Gerichten muß das Lopino unter fließendem kalten Wasser abgespült und anschließend mit einem Tuch trockengetupft werden, da die Lopinomolke einen leichten Bittergeschmack enthalten kann.

Pürieren und Überbacken

Lopino eignet sich aufgrund seiner Verarbeitungseigenschaften sehr gut für Gerichte mit cremiger Konsistenz und zum Überbacken.

Wichtige Hilfsmittel sind Haushaltsgeräte zum Pürieren (z. B. Pürierstab, Moulinette). Sind diese Geräte nicht im Haushalt vorhanden, kann Lopino auch mit einer Gabel fein zedrückt werden, wird allerdings etwas weniger cremig.

Die Zugabe von Flüssigkeit (z. B. Wasser, Shoyu), Öl oder Milch ist eine weitere Voraussetzung, die cremige Konsistenz zu erreichen.

Das Lopino und die Flüssigkeit, Öl bzw. Milch werden miteinander püriert bzw. mit der Gabel zerdrückt. Die hinzuzufügenden Flüssigkeitsmengen sind in den Rezepten angegeben.

Die so hergestellte Creme läßt sich gut über Aufläufe geben. Beim Überbacken ergibt sich eine knusprige Kruste.

Marinierte Lopinowürfel

Das Lopino zuerst in Scheiben, dann in Würfel schneiden und zum Marinieren in die im Rezept angegebene Marinade geben, bzw. mit der Marinade übergießen. Die Lopinowürfel mehrmals vorsichtig in der Marinade wenden, sonst könnten die Würfel zerbröseln. Nach dem Marinieren müssen die Würfel vorsichtig aus der Marinade herausgenommen werden. Falls notwendig, sollten sie zum Abtrocknen auf ein Stück Haushaltspapier oder ein sauberes Handtuch gelegt werden.

Braten

Unpaniert läßt sich am besten leicht zerbröseltes Lopino braten. Beim Braten verstärkt sich die gelbe Farbe und gleicht optisch einem Rührei. Entsprechend gewürzt und mit Gemüse versetzt, schmeckt es gut und ist ein schnelles Gericht ohne viel Aufwand.

Unpaniertes Lopino im Stück zu braten ist nicht ganz einfach. Es gibt die Möglichkeit, das marinierte Lopinostück in einer sehr guten Bratpfanne (in der das Gebratene nicht am Boden festbrät) mit viel Öl, das auf mittlerer Flamme erhitzt wurde, zu braten. Das Lopino in das erhitzte Öl legen, die Hitze evtl. etwas senken und das Lopinostück erst wenden, wenn sich auf der Unterseite eine leichte Kruste gebildet hat. Während des Bratens muß die Kruste ab und zu leicht und sehr vorsichtig mit einem Bratenwender vom Pfannenboden gelöst werden.

Paniertes Lopino läßt sich wesentlich einfacher braten (s. Rezept Lopino-Sticks). Das Lopino sollte zuerst mariniert und mit einer Schicht bestrichen werden, an der das Paniermehl hält. Im Kochbuch sind die Möglichkeiten Senf oder Ei vorgeschlagen. Die panierten Lopinostücke werden auch bei mittlerer Hitze gebraten und lassen sich wesentlich einfacher wenden.

Pasteten

Durch Zugabe von entsprechenden Bindemitteln, wie z. B. Reisflocken, Kartoffelpüree oder Paniermehl lassen sich aus Lopino im Ofen leckere Pasteten zaubern.

Marinieren, Würzen

Vor dem Verzehr sollte Lopino immer mariniert oder gewürzt werden, da es nur über einen schwachen Eigengeschmack verfügt.

Lopino nimmt sehr gut den Geschmack von Würzmiteln auf Sojabasis und von Gemüsebrühe an.

Zum Marinieren wird Lopino einige Zeit in der Marinade eingelegt. Die Einlegezeiten sind in den Rezepten jeweils angegeben.

Aufbewahren

Nach dem Kauf muß Lopino im Kühlschrank aufbewahrt werden. Auch geöffnete Lopinopackungen können einige Tage im Kühlschrank aufbewahrt werden. Die Haltbarkeit wird verlängert, wenn man das Lopino aus der Originalverpackung herausnimmt, abspült, trockentupft und in ein anderes Gefäß gibt.

Durch Einfrieren kann Lopino wesentlich länger aufbewahrt werden. Das Lopino erhält dann eine gelb-bräunliche Farbe, ähnlich wie Bernstein. Nach dem Auftauen ist die Konsistenz allerdings etwas krümeliger.

Zugabe von Gemüse, Getreide, Ölen und Kräutern

Durch Zugabe von Gemüse, Getreide, Ölen und Kräutern wird die ernährungsphysiologische Bedeutung der Gerichte weiter erhöht (Vitamine, Ballaststoffe, ungesättigte Fettsäuren). Es lassen sich eine Vielzahl gesunder, schmackhafter Gerichte zubereiten, die Abwechslung in den Speiseplan bringen.

Milch und Milchprodukte

(Käse; Sahne, Crème fraîche)

Die Zugabe von Milch und Milchprodukten ist für den Geschmack und die Cremigkeit einiger Gerichte von Bedeutung.

Durch die Verwendung von Milchprodukten und Lopino läßt sich der Gehalt von fettreichen Milchprodukten in einigen uns gut bekannten Gerichten, wie z. B. Mousse au Chocolat, stark senken, ohne auf den Genuß verzichten zu müssen.

Diese Möglichkeit spielt eine besonders große Rolle für Verbraucher, die aus gesundheitlichen Gründen auf den Cholesteringehalt in ihrer Nahrung achten müssen.

Für Verbraucher, die kein tierisches Eiweiß verzehren oder unter Lactoseintoleranz leiden, wird in vielen Rezepten die Möglichkeit gegeben, die Milchprodukte durch Sojaprodukte oder Öl zu ersetzen.

Fisch

Eine interessante Kombination ist auch Lopino und Fisch. Diese beiden Nahrungsmittel ergänzen sich geschmacklich sehr gut und bilden aufgrund ihrer Zusammensetzung eine gute ernährungsphysiologische Kombination.

Die Rezepte

Alle Rezepte der vorgestellten Gerichte wurden von mir mehrmals zubereitet und verzehrt. Einige Ideen stammen auch von meinem Mann, bei dem ich mich für seine Unterstützung bedanken möchte.

Ebenso bei meinen Freunden, die diese Gerichte teilweise mit zubereitet haben und hinterher in größerer Runde bei einem schönen Getränk genossen haben.

Abkürzungen

EL = Eßlöffel

TL = Teelöffel

(Die Mengenangaben beziehen sich auf Löffel mittlerer Größe)

Nährwertangaben

Die Nährwertangaben beziehen sich auf eine Person

Vorspeisen

Hirse-Bällchen *(s. Abb. S. 11)*

Zutaten für 4 Personen
- 100 g Hirse
- 200 ml Gemüsebrühe
- 1 Zwiebel (ca. 60 g)
- 1 EL ungehärtete Margarine oder 2 EL Öl
- 200 g Lopino
- 100 g geriebener, kräftiger Käse
- Vollmeersalz
- 1 EL Gemüsebrühe
- weißer Pfeffer

Für die Panade:
Selbstgefertigte Hirse-Vollkornpaniermehl-Mischung (Anteile je nach Geschmack, der Vollkornpaniermehlanteil muß aber höher sein als der Hirseanteil, weil die Panade sonst nicht haftet).

Die 200 ml Gemüsebrühe aufkochen lassen. Hirse hineingeben und bei kleiner Hitze im geschlossenen Topf quellen lassen. Vor dem Weiterverarbeiten die Hirse etwas abkühlen lassen.

Die Zwiebel fein würfeln und in etwas ungehärteter Margarine oder Öl andünsten. Die Zwiebelwürfel leicht abkühlen lassen.

Lopino mit einer Gabel fein zerdrücken oder pürieren, mit der Gemüsebrühe verrühren und den geriebenen Käse unterheben, bis eine gleichmäßige Masse entsteht.

Die Hirse unter die Lopino-Käse-Masse heben. Die Masse mit Vollmeersalz und Pfeffer abschmecken.

Aus der Masse Bällchen formen.

Für die Panade das Vollkornpaniermehl und die Hirse mischen.

Die Bällchen vorsichtig in der Hirse-Vollkornpaniermehl-Mischung rollen, bis die Oberfläche komplett mit der Panade bedeckt ist.

Die Bällchen auf ein gefettetes Backblech geben und im vorgeheizten Backofen (Elektroherd 220 °C, Heißluft ca. 190 °C, Gas Stufe 4) je nach gewünschtem Bräunungsgrad und Bällchendurchmesser 30 – 40 Minuten backen.

Die Bällchen vom Backblech nehmen und mit einem Rohkostsalat servieren.

Tip: *Vor Gebrauch die Hirse wegen ihrer Bitterstoffe kurz mit Wasser abspülen.*
Die Bällchenmasse kann auch mit Muskatnuß oder Kräutern abgeschmeckt werden.

KJ/Kcal	1438/344
Eiweiß	27 g
Fett	12 g
Kohlenhydrate	37 g

Aïoli mit frischer Gemüserohkost

Zutaten für 4 Personen:
- 2 Knoblauchzehen
- 80 g Lopino
- 2 EL Olivenöl
- 4 EL Sonnenblumenöl
- 2 TL Zitronensaft
- 6 EL Sahne oder Sojacreme
- Gemüse nach Wahl, z. B. Paprika, Karotten, Kohlrabi, Gurken,Zucchini, Staudensellerie, Chicoree

Die Knoblauchzehe pressen.
Alle Zutaten mit dem Pürierstab vermischen.
Das Gemüse reinigen und in Streifen schneiden. Vom Chicoree den bitteren Kern entfernen und in die Blätter zerteilen.
Das Gemüse auf einem Teller oder einer Platte anrichten.
Die Aïoli zum Dippen dazureichen.

KJ/Kcal	768/184
Eiweiß	6 g
Fett	21 g
Kohlenhydrate	2 g

(Nährwertangaben ohne Gemüse)

Tomaten mit mariniertem Lopino

Zutaten für 4 Personen

6 – 8 Tomaten
2 mittelgroße Zwiebeln
oder 1 Gemüsezwiebel
150 g Lopino
6 EL Balsamicoessig
100 ml Olivenöl
Vollmeersalz
Schwarzer Pfeffer (frisch aus der Pfeffermühle)
1/2 Bund frisches Basilikum
oder 1 EL getrocknetes Basilikum

Lopino in schmale Scheiben schneiden (max. 1/2 cm) und auf eine Platte legen (mit leicht erhöhtem Rand).

Aus dem Balsamicoessig und dem Olivenöl eine Marinade anrühren. Beides gut und kräftig miteinander verrühren und über die Lopinoscheiben geben, so daß diese ganz von der Marinade bedeckt sind.

Die Lopinoscheiben mit Vollmeersalz bestreuen und mindestens 2 Stunden in der Marinade durchziehen lassen.

Die Tomaten in Scheiben schneiden, die Zwiebeln in Ringe schneiden (jeweils die gleiche Anzahl wie die Lopinoscheiben).

Auf einer Platte immer abwechselnd eine Tomatenscheibe, Zwiebelringe und eine Scheibe mariniertes Lopino schräg geschichtet anrichten und die restliche Marinade darübergießen.

Tomaten, Zwiebeln und Lopino mit schwarzem Pfeffer und dem kleingehackten oder getrockneten Basilikum bestreuen.

Wer es etwas schärfer mag, kann eine Peperoni kleinhacken und die Vorspeise damit bestreuen.

Tip: *Das marinierte Lopino sehr vorsichtig von der Platte nehmen, da er durch das Marinieren etwas weicher ist und sonst brechen würde.*

KJ/Kcal	1492/358
Eiweiß	12 g
Fett	30 g
Kohlenhydrate	9 g

Camembertbällchen *(Abb. hinten)*

Zutaten für 4 – 6 Personen
- 400 g Camembert
- 200 g Lopino
- 1 gehäufter EL Crème fraîche oder Sojacreme
- Vollmeersalz
- Weißer Pfeffer
- ca. 100 g gehobelte Mandeln
- weitere Zutaten und Gewürze nach Geschmack

Lopino mit einer Gabel zerdrücken oder pürieren.
Crème fraîche oder Sojacreme dazugeben und alles gut verrühren.
Vom Camembert die weiße Rinde entfernen und den restlichen Camembert mit der Lopinomasse verrühren.
Die Camembertrinde klein hacken und unter die Masse mischen.
Die Masse mit Vollmeersalz und Pfeffer abschmecken.
Auf einen Teller die gehobelten Mandeln geben.
Aus der Camembert-Lopino-Masse kleine Bällchen formen und diese in den Mandeln rollen, so daß die Bällchen von außen mit Mandeln bedeckt sind.
Die Bällchen vor dem Verzehr mindestens 2 Stunden durchziehen lassen.

***Tip:** Der Camembert-Lopino-Masse können weitere Gewürze oder Zutaten zugesetzt werden. Der Phantasie sind dabei nur durch den eigenen Geschmack Grenzen gesetzt.*

Einige Vorschläge:
Die Camembert-Lopino-Masse mit Paprika edelsüß und Paprika rosenscharf würzen.
Die Camembert-Lopino-Masse mit Curry und evtl. Ingwerpulver abschmecken.
Die Camembert-Lopino-Masse mit verschiedenen Kräutern vermengen, z. B. Kräutern der Provence.
Die Camenbert-Lopino-Masse mit Kresse verrühren.
Wer einen süß-würzigen Geschmack mag, kann die Camenbert-Lopino-Masse auch mit Honig abschmecken. Es ist zu beachten, daß die Masse dadurch eventuell weicher wird. Es sollte noch etwas Lopino zugesetzt werden.

KJ/Kcal	1013/240
Eiweiß	33 g
Fett	24 g
Kohlenhydrate	2 g

Broccoli-Toast *(Abb. S. 16 vorne)*

Zutaten für 4 Personen
- 4 Scheiben Vollkorntoast
- 400 g Broccoli
- Wasser
- 100 g Lopino
- 100 g Mozarella
- 1 Eiweiß
- Vollmeersalz
- Schwarzer Pfeffer (frisch gemahlen)
- Muskatnuß
- 20 g Butter oder Margarine

Den Broccoli waschen und zerteilen. Wasser zum Kochen erhitzen, Vollmeersalz und Muskat dazugeben und den Broccoli bei leichtem Sieden ca. 12 Minuten kochen. Anschließend den Broccoli abtropfen lassen.

Lopino und Mozarella im Mixer pürieren und in eine Schüssel geben.

Mit ca. einem gestrichenen TL Vollmeersalz und schwarzem Peffer abschmecken.

1 Eiweiß steif schlagen und vorsichtig unter die Masse unterheben.

Vollkorntoast toasten und mit Butter oder ungehärteter Margarine bestreichen.

Den Boccoli auf die Toastbrotscheiben geben und jeweils 1/4 der Lopino/ Mozarellamasse darauf verteilen.

Im vorgeheizten Backofen (Elektroherd 220 °C, Heißluft 190 °C, Gas Stufe 4) 20 Minuten überbacken.

KJ/Kcal	968/229
Eiweiß	19 g
Fett	11 g
Kohlenhydrate	15 g

Salate

Spezialitäten aus aller Welt
GUADALQUIVIR
Natives
OLIVENÖL
extra
500 g
Mindestens haltbar bis
04 10 -94
SojaCremig
neutral
NUXO
SojaCremig
neutral
rein pflanzlicher Eiweißträger
neuform
natriumarm
cholesterinfrei

Kichererbsensalat mit marinierten Lopinowürfeln *(s. Abb. vorne)*

Zutaten für 6 Personen
Für die Lopinowürfel:
150 g Lopino
4 EL Shoyu
Saft einer Zitrone
90 ml Olivenöl
1 – 2 Knoblauchzehen
2 EL frischer oder 1 TL getrockneter Thymian

Für den Salat:
400 g Kichererbsen
1,2 l Salzwaser
1 rote Paprikaschote
1 grüne Paprikaschote
1 große Zwiebel
10 grüne Oliven
2 EL frischer oder 1 TL getrockneter Piment
1 Bund frische gehackte Petersilie
Vollmeersalz
Schwarzer Pfeffer (frisch gemahlen)

Die Kichererbsen über Nacht einweichen und dann im Salzwasser 2 – 3 Stunden kochen. Abkühlen lassen.
Lopino in 1 x 1 cm große Würfel schneiden.
Für die Marinade Shoyu, Zitronensaft, Olivenöl und Thymian vermischen. Die Knoblauchzehe durchpressen und unterrühren.
Die Lopinowürfel darin mindestens 2 Stunden marinieren.
Die Paprikaschoten waschen, putzen und kleinwürfeln.
Die Oliven in Ringe schneiden.
Die Zwiebeln würfeln.
Kichererbsen, Paprikaschoten und Zwiebeln miteinander vermengen.
Piment und Petersilie kleinhacken und dazugeben.
Die Lopinowürfel aus der Marinade nehmen und abtropfen lassen.
Die Marinade über den Salat gießen, mit Vollmeersalz und Pfeffer abschmecken.
Salat und Lopinowürfel 1 Stunde kühlstellen.
Den Salat nochmals mischen. Die Lopinowürfel über den Salat geben und servieren.

Tip: *Wer mag, kann auch Rosinen untermengen. Zum Salat Vollkornbaguette servieren.*

KJ/Kcal	1770/425
Eiweiß	32 g
Fett	26 g
Kohlenhydrate	56 g

Eisbergssalat mit Senf-Estragon-Sauce
(s. Abb. hinten)

Zutaten für 4 Personen:
1 Kopf Eisbergsalat
einige Erbsen zum Garnieren
100 g Alfalfa-Sprossen
100 g Lopino
1 – 2 EL Balsamicoessig
Vollmeersalz
2 EL Senf mit Senfsamen, z. B. von Zwergenwiese
100 ml Sahne
1 TL Estragon

Lopino und Essig mit einer Gabel zerdrücken und mit Vollmeersalz abschmecken.(gut vermischen). Ca. 1 Stunde durchziehen lassen.
Den Eisbergsalat zerpflücken, waschen und trocken tupfen. Die Alfalfa-Sprossen abspülen und abtropfen lassen.
Für die Sauce Lopino, Senf, Sahne und Estragon mit dem Pürierstab mixen, mit Vollmeersalz abschmecken.
Salat und Alfalfa-Sprossen in einer Schüssel anrichten, die Sauce darübergeben und mit den Erbsen dekorieren.

KJ/Kcal	718/172
Eiweiß	12 g
Fett	10 g
Kohlenhydrate	8 g

Feldsalat mit Senf-Sherry-Sauce (*ohne Abb.*)

Zubereitung für 4 Personen
200 g Feldsalat

Für die Sauce:
50 g Lopino
2 TL Senf mit Senfsamen
3 EL Sonnenblumenöl
2 EL Sherry
1 Zwiebel

Den Feldsalat waschen und abtropfen lassen.
Die Zwiebel fein würfeln
Lopino mit einem Mixer pürieren
Lopino, Zwiebel, Zwergensenf und Sherry in eine Schüssel geben und mit einem Schneebesen oder Pürierstab gut durchmischen.
Die Sauce über den Feldsalat geben.

KJ/Kcal	508/122
Eiweiß	5 g
Fett	13 g
Kohlenhydrate	2 g

Bunter Salat mit Nüssen und Lopino
(s. Abb. S. 19)
Zubereitung für 4 Personen
Für den Salat:
150 g Lopino
4 EL Shoyu
6 Tomaten
1 grüne Paprikaschote
1 gelbe Paprikaschote
1 kleine Gurke
1 Fenchelknolle
100 g Champignons
1 Gemüsezwiebel
je 1/2 Bund frisches Basilikum, Thymian und Majoran (oder je 1 TL getrocknet)
150 g Wal- oder Haselnüsse (ohne Schale)

Für das Dressing:
4 EL Walnußöl
2 EL Distelöl
1 EL Sherryessig
Vollmeersalz
schwarzer Pfeffer (frisch gemahlen)

Salat
Lopino zerbröseln und mit Shoyu übergießen. Mindestens 2 Stunden im Kühlschrank durchziehen lassen.
Das Gemüse waschen und putzen.
Von den Tomaten den grünen Stengelansatz entfernen und die Tomaten achteln.
Die Paprika halbieren, die Kerne entfernen und in Streifen schneiden.
Die Gurken und die Champignons in Scheiben schneiden.
Den Fenchel in Streifen schneiden.
Die Gemüsezwiebel in Ringe schneiden.
Die Nüsse etwas kleinhacken, über den Salat geben.
Die Kräuter von den Stengeln zupfen, eventuell etwas kleinhacken und über den Salat geben.

Dressing
Das Öl mit dem Essig gut vermischen, mit Vollmeersalz und Pfeffer abschmecken und über den Salat geben.

Den Salat vorsichtig durchmischen.
Mit Lopino bestreuen.

KJ/Kcal	1841/441
Eiweiß	20 g
Fett	41 g
Kohlenhydrate	16 g

Brotaufstriche

Gelber Brotauftrich asiatische Art

(s. Abb. S. 23 hinten rechts)

200 g Lopino
1 EL Miso und 2 EL Sojasauce
10 ml Sesamöl
2 mittelgroße Karotten
1 mittelgroße Zwiebel
2 EL Pflanzenöl
1 Bund Petersilie
1 TL Gemüsebrühe
1/2 TL Curry
etwas Koriander
Kurkuma

Lopino mit einer Gabel sehr fein zerdrücken oder pürieren, mit Miso, Sojasauce und dem Sesamöl verrühren.
Die Karotten putzen und kleinwürfeln, die Zwiebel kleinwürfeln, beides in dem Öl anbraten und abkühlen lassen.
Die Petersilie kleinhacken.
Lopino mit der Petersilie, der Gemüsebrühe, dem Curry, Koriander verrühren, mit Kurkuma etwas nachfärben.
Die Gemüsemasse unterrühren und nochmals abschmecken.
Vor dem Verzehr mindestens 2 Stunden durchziehen lassen.

Tip: *Die Schärfe des Brotaufstrichs läßt sich durch die zugegebene Currymenge verändern. Wer mag, kann auch etwas Ingwer dazugeben.*
Wenn mehr Curry dazugegeben wird, kann ein Nachfärben mit Kurkuma entfallen, da die Curry-Gewürzmischungen ihre gelbe Farbe vom Kurkuma erhalten.

KJ/Kcal	768/184
Eiweiß	16 g
Fett	11 g
Kohlenhydrate	7 g

Linsen-Auberginen-Pastete

(ohne Abb.)

200 g Lopino
6 EL Shoyu
150 g braune oder rote Linsen
1 mittelgroße Aubergine
5 EL Olivenöl
200 g Champignons
2 Knoblauchzehen
1 TL gemahlener Koriander
2 EL gehackte frische Minze
Saft einer halben Zitrone
Vollmeersalz
Pfeffer

Lopino pürieren, mit Shoyu würzen und mindestens 1 Stunde durchziehen lassen.
Den Backofen vorheizen (180 °C, Heißluft 150 °C, Gas Stufe 2)
In einem großen Topf die Linsen mit dem Wasser zum Kochen bringen. Sorgfältig abschäumen und zugedeckt ca. 45 Minuten bei niedriger Hitze leicht weiterziehen lassen, bis die Linsen gar sind. 10 Minuten abkühlen lassen.
In der Zwischenzeit die Auberginen der Länge nach halbieren. Die Hälften mit 2 EL Olivenöl bestreichen und 20 Minuten in den Backofen geben. Das Fruchtfleisch aus den Auberginen lösen und 5 Minuten abkühlen lassen. Anschließend kleinhacken.
2 EL Olivenöl auf mittlerer Flamme erhitzen und den zerdrückten Knoblauch und die Champignons braten, bis sie weich und goldbraun sind. Den Koriander dazugeben und kurz mit anrösten.
Lopino, Linsen, Auberginenfleisch, Pilze und Knoblauch miteinander vermischen. Koriander, Minze, Zitronensaft dazugeben und im Mixer zu einer glatten Masse rühren. Mit Vollmeersalz und Pfeffer abschmecken. Die Pastete lauwarm servieren.

Tip: *Die Pastete in Pasteten- oder Portionsförmchen anrichten, mit Minzeblättern dekorieren und geröstete Weißbrotscheiben dazu reichen. Die Pastete kann auch mit kleingehackten Pinienkernen serviert werden. Sollte die Pastete nicht gleich verzehrt werden, sollte der Gehalt an Minzeblättern etwas reduziert werden, da die Minze sonst den Geschmack überdeckt.*

KJ/Kcal	1618/388
Eiweiß	27 g
Fett	17 g
Kohlenhydrate	30 g

Radieschen-Schnittlauch-Brotaufstrich

(s. Abb. S. 23 vorne links)

200 g Lopino
100 g Margarine, Joghurt oder Frischkäse
4 EL Shoyu
2 Bund Radieschen
1 Bund Schnittlauch
Vollmeersalz

Lopino pürieren oder mit der Gabel sehr fein zerdrücken.
Shoyu und Margarine (oder Joghurt, Frischkäse) dazugeben.
Radieschen putzen, waschen und fein raspeln
Schnittlauch in Röllchen schneiden.
Das Gemüse zu der Lopinomasse geben und mit Vollmeersalz abschmecken.
Vor dem Verzehr mindestens 2 Stunden durchziehen lassen.

Tip: *Dieser Brotaufstrich paßt auch gut zu Pellkartoffeln.*

KJ/Kcal	1224/294	(Margarine)
Eiweiß	16 g	
Fett	22 g	
Kohlenhydrate	6 g	

KJ/Kcal	565/131	(Joghurt)
Eiweiß	17 g	
Fett	4 g	
Kohlenhydrate	7 g	

KJ/Kcal	767/184	(Frischkäse)
Eiweiß	19 g	
Fett	9 g	
Kohlenhydrate	7 g	

Champignon-Zwiebel-Brotaufstrich

(s. Abb. S. 23 hinten links)

200 g Lopino
4 EL Sojasauce
ca. 10 ml Sonnenblumenöl
100 g frische Champignons
1 mittelgroße Zwiebel
2 EL ÖL
1 – 2 TL Gemüsebrühe
weißer Pfeffer
1 TL getrockneter Majoran

Lopino mit einer Gabel zerdrücken oder pürieren, mit der Sojasauce und dem Sonnenblumenöl verrühren.
Die Champignons putzen und kleinwürfeln, die Zwiebeln würfeln. Beides in Öl in einer Pfanne andünsten und abkühlen lassen.
Lopino, die Champignon-Zwiebel-Masse und den Majoran miteinander verrühren und mit Gemüsebrühe und weißem Pfeffer abschmecken.
Vor dem Servieren mindestens 2 Stunden gut durchziehen lassen.

Tip: *Der Aufstrich kann mit kleingehackter Petersilie verfeinert werden.*

KJ/Kcal	733/176
Eiweiß	16 g
Fett	11 g
Kohlenhydrate	6 g

Avocadocreme
(s. Abb. vorne rechts)

Zutaten für 4 Personen:
Grundrezept:
100 g Lopino
3 EL Shoyu
220 g reife Avocados
1 EL Zitronensaft

Lopino pürieren oder sehr fein mit einer Gabel zerdrücken und gleichmäßig mit dem Shoyu vermengen.
Die Avocados halbieren, den Kern entfernen und das Fruchtfleisch aus der Schale lösen.
Das Fruchtfleisch mit einer Gabel fein zerdrücken. (nicht pürieren, Masse wird zu weich). Unter das Fruchtfleisch sofort Zitronensaft rühren, da es sonst eine graue Farbe annimmt.

Tip: *Die Grundmasse kann auch mit etwas Crème fraîche oder Sojacremig verfeinert werden.*

KJ/Kcal	710/170
Eiweiß	8 g
Fett	13 g
Kohlenhydrate	2 g

Das Grundrezept der Avocadocreme kann durch verschiedene Zutaten unterschiedliche Geschmacksvarianten erhalten. Hier einige Vorschläge:

Variante 1: Die süße Variante
Dem Grundrezept 1 bis 1 1/2 EL Ahornsirup, 1 EL Orangensaft und 1 EL kleingehackte Mandeln hinzufügen.

Variante 2: Die süß-pikante Variante
Dem Grundrezept 1 bis 1 1/2 EL Ahornsirup hinzufügen. Mit Vollmeersalz und schwarzem Pfeffer abschmecken.

Variante 3: Die Knoblauch-Variante
1 kleine Knoblauchzehe zerdrücken und unter das Grundrezept heben. Mit weißem Pfeffer und etwas Vollmeersalz abschmecken.

Variante 4: Die Koriander-Variante
1/2 Bund frischen Koriander (oder 1/2 TL getrockneten) und 1 kleine zerdrückte Knoblauchzehe unter die Grundmasse heben. Mit Vollmeersalz und weißem Pfeffer abschmecken.

Variante 5: Die Zwergen-Variante
1 – 2 EL Zwergenwürze unter das Grundrezept heben. Bei dieser Variante im Grundrezept auf Shoyu verzichten.

Suppen

Karottencremesuppe mit Kerbel und Lopinowürfeln

Zubereitung für 4 Personen
Für die Lopinowürfel:
150 g Lopino
6 EL Sojasauce
Saft einer halben Zitrone

Für die Suppe:
300 g Karotten
50 g Sellerie
1 Bund Frühlingszwiebeln
40 g Margarine oder Butter
1 Bund frischer oder
1 TL gemahlener Kerbel
1 l Gemüsebrühe
Vollmeersalz
weißer Pfeffer

Lopinowürfel:
Lopino in 1 x 1 cm große Würfel schneiden. Marinade aus Sojasauce und Zitronensaft anrühren und die Lopinowürfel mit der Marinade begießen. Mindestens 4 Stunden in der Marinade durchziehen lassen. Zwischendurch die Würfel häufiger mit einem Löffel Marinade übergießen.

Suppe:
Für die Suppe die Karotten und den Sellerie putzen und in Würfel schneiden. Die Margarine oder Butter in einem Topf bei mittlerer Hitze erhitzen und Karotten und Bleichsellerie 5 Minuten darin andünsten.
Den frischen Kerbel kleinhacken und zu dem Gemüse geben und kurz mit anbraten.
Die Gemüsebrühe dazugeben und die Suppe 30 Minuten bei schwacher Hitze zugedeckt leicht sieden lassen. Etwas abkühlen lassen.
In der Zwischenzeit die Frühlingszwiebeln in Röllchen schneiden und in Margarine oder Butter bei mittlerer Hitze 4 – 5 Minuten anbraten.
Die Suppe pürieren und mit Vollmeersalz und weißem Pfeffer abschmecken.
Die Suppe mt den Frühlingszwiebelröllchen und den Lopinowürfeln garnieren.

Tip: *Wer es etws saurer mag, kann zu der Marinade für die Lopinowürfel mehr Zitronensaft verwenden.*

KJ/Kcal	843/202
Eiweiß	16 g
Fett	13 g
Kohlenhydrate	12 g

Minestrone mit Lopinoklößchen

Zubereitung für 4 Personen
Für die Minestrone:

- 200 g grüne Bohnen
- 150 g Weißkohl
- 150 g Möhren
- 1 Stange Lauch (120 g)
- 1 Stange Staudensellerie
- 300 g Tomaten
- 1 mittelgroße Zwiebel
- 1 Knoblauchzehe
- 2 EL Olivenöl
- 1 l Gemüsebrühe
- je 1/4 TL getrockneter Thymian, Salbei und Rosmarin
- 100g Vollkornreis
- Vollmeersalz
- frisch gemahlener schwarzer Pfeffer
- 1 Bund Petersilie

Für die Klößchen

- 150 g Lopino
- 1 TL Gemüsebrühe
- 15 ml Wasser
- 1 EL Kartoffelpürre
- 1 Ei
- 1 EL Olivenöl
- 2 TL Basilikum
- einige Spritzer Zitrone

Suppe:
Das Gemüse putzen und waschen. Lauch und Staudensellerie kleinschneiden, die Möhren in Stifte schneiden. Den Weißkohl halbieren und in 2 cm breite Streifen schneiden.
Die Tomaten mit heißem Wasser überbrühen, abziehen und würfeln.
Die Zwiebel würfeln, den Knoblauch kleinhacken, das Olivenöl in einem Topf erhitzen und Zwiebeln und Knoblauch darin goldgelb andünsten.
Das restliche Gemüse, die Kräuter und den Reis dazugeben und mit der Gemüsebrühe aufgießen.
30 Minuten bei mittlerer Hitze ziehen lassen.
Die Suppe mit Vollmeersalz und Pfeffer abschmecken und mit der kleingehackten Petersilie bestreuen.

Klößchen:
Das Lopino zusammen mit Brühe, Wasser, Kartoffelpürree, Ei und Olivenöl pürieren. Das Basilikum untermischen.
Mit den Händen Klößchen formen.
Die Klößchen in die Suppe geben.
Zusammen in 8 Minuten garziehen lassen.

Tip: *Wer die Klößchen etwas lockerer mag, kann 1 Ei unter die Klößchenmasse ziehen.*

KJ/Kcal	1499/359
Eiweiß	22 g
Fett	16 g
Kohlenhydrate	40 g

Klare Misosuppe mit Lopinowürfeln und geröstetem Baguette

Zutaten für 4 Personen
- 150 g Lopino
- 4 EL Shoyu
- 1 EL Sherryessig
- 100 g Gersten- oder Roggenkörner
- 200 ml Wasser
- Vollmeersalz
- 1/2 l Gemüsebrühe
- 2 EL Shoyu
- 1 EL Miso
- 250 g Möhren
- 100 g Lauch
- 200 g Bambusschößlinge
- 1/2 TL frische Ingwerwurzel
- 4 EL Sesamöl
- 1 El frischer gehackter Koriander
- 1 EL Sesam
- 8 Scheiben Vollkornbaguette
- Pflanzenöl
- 1 Knoblauchzehe
- Vollmeersalz

Lopino:
Lopino in 1 x 1 cm große Würfel schneiden. Shoyu mit dem Essig verrühren und über den Lopino gießen, bis dieser bedeckt ist. Über Nacht im Kühlschrank marinieren.

Suppe:
Das Salzwasser für das Getreide erhitzen. Das Getreide hineingeben, aufkochen und bei schwacher Hitze eine 3/4 Stunde quellen lassen.
Die Möhren putzen, die Bambusschößlinge abtropfen lassen. Möhren und Bambusschößlinge in feine Streifen schneiden.
Die Ingwerwurzel kleinschneiden. Lauch in sehr feine Ringe schneiden.
Das Sesamöl in einem Topf erhitzen und das Gemüse und das Getreide darin bei mittlerer Hitze 5 Minuten andünsten. Anschließend bei schwacher Hitze zugedeckt 1 Minuten garen.
Gemüsebrühe, Shoyu und Miso dazugeben. Die Suppe zum Kochen bringen und zugedeckt weitere 10 Minuten köcheln lassen. Vom Herd nehmen und die Lopinowürfel dazugeben.
In der Zwischenzeit das Öl für die Weißbrotscheiben in einer Pfanne erhitzen. Den Knoblauch durchpressen und darin andünsten.
Die Baguettescheiben dazugeben und anbraten, bis sie von allen Seiten goldbraun sind.
Aus der Pfanne nehmen und salzen. Die Suppe vom Herd nehmen und die Lopinowürfel dazugeben.
Die Suppe mit Koriander und Sesam bestreuen und mit den gerösteten Baguettescheiben servieren.

KJ/Kcal	1666/399
Eiweiß	21 g
Fett	21 g
Kohlenhydrate	35 g

Wirsingeintopf mit Grießnockerln

(s. Abb. S. 25)

Zutaten für 4 Personen

Für den Wirsingeintopf:

- 1 kg Wirsing
- 500 g Kartoffeln
- 3 Zwiebeln (120 g)
- 40 g ungehärtete Margarine oder Butter
- 1/2 l Gemüsebrühe
- Vollmeersalz
- Schwarzer Pfeffer
- 1/2 Bund Liebstöckel
- Kümmel
- 1 Bund Petersilie

Für die Klößchen:

- 200 g Lopino
- 4 EL Sojasauce
- 6 EL Grieß
- 2 Zwiebeln (60 g)
- 2 EL Pflanzenöl
- 1 Ei

Wirsingeintopf:

Den Wirsing vierteln, putzen, waschen und hobeln. Den Strunk entfernen.

Die Kartoffeln schälen, waschen und in 2 cm große Würfel schneiden.

Die Zwiebeln würfeln.

Liebstöckel kleinhacken.

Die Margarine in einem großen Topf erhitzen und die Zwiebelwürfel darin andünsten. Den Wirsing dazugeben und unter Rühren 2 Minuten anbraten.

Kartoffelwürfel und Liebstöckel in den Topf geben und die Gemüsebrühe dazugießen. Mit Vollmeersalz, schwarzem Pfeffer und Kümmel abschmecken.

Zugedeckt 30 Minuten bei schwächerer Hitze sieden lassen.

Grießnockerln:

In der Zwischenzeit Lopino mit einer Gabel zerdrücken und mit der Sojasauce gut vermengen.

Die Zwiebel fein würfeln und in dem Öl goldbraun andünsten.

Zwiebel, Grieß und Ei unter die Lopinomasse heben und alles gut verrühren.

Kleine Klößchen formen und die letzten 8 Minuten in dem Eintopf miterhitzen. Nicht mehr aufkochen!

Den Eintopf vor dem Servieren mit Petersilie bestreuen.

Tip: *Der Wirsingeintopf kann auch mit Nelken und etwas Birnendicksaft abgeschmeckt werden. Dann empfiehlt es sich, den Kümmel herauszulassen.*

KJ/Kcal	1936/464
Eiweiß	30 g
Fett	19 g
Kohlenhydrate	61 g

Hauptgerichte

Lopino-Gemüse-Pastete

Zutaten für 4 Personen
- 200 g Lopino
- 3 EL Sonnemblumenöl
- 2 gehäufte EL Weizenvollkornmehl
- 2 EL Vollkornpaniermehl
- 2 EL Reisflocken
- 1 Ei
- 2 EL frische Kräuter, fein gehackt
- 2 mittelgroße Karotten
- 2 mittelgroße Zwiebeln
- 1 EL Sonnenblumenöl
- 100 g Erbsen
- 100 g Maiskörner
- 1 TL Gemüsebrühe
- Vollmeersalz
- ca. 100 g Sesamsamen
- 30 g ungehärtete Margarine oder Sonnenblumenöl

Lopino mit einer Gabel zerdrücken
Lopino, Sonnenblumenöl, Kräuter, Gemüsebrühe, Weizenvollkornmehl, Vollkornpaniermehl, Reisflocken und das Ei mit einem Handmixer gut verrühren.
Die Zwiebeln kleinwürfeln und in einer Pfanne mit Öl leicht andünsten.
Die Karotten putzen und kleinwürfeln.
Das Gemüse unter die Lopinomasse heben. Die Pastetenmasse mit Vollmeersalz abschmecken.
Eine Kastenbackform mit Margarine gut einfetten und mit Sesamsamen bestreuen, so daß die Flächen komplett mit Sesam bedeckt sind.
Die Lopino-Gemüse-Masse in die Backform geben .
In dem vorgeheizten Backofen (Elektroherd 220 °C, Gas Stufe 4, Heißluft 190 °C) auf mittlerer Schiene 25 Minuten backen.
Aus dem Ofen nehmen und 5 Minuten abkühlen lassen.
Die Pastete vorsichtig auf eine vorgewärmte Platte stürzen und servieren.

Tip: *Die Backform muß vollständig mit den Sesamsamen bedeckt sein, da die Pastete sonst an den Rändern anklebt und sich nicht vollständig aus der Form stürzen läßt.*
Wer kein tierisches Eiweiß möchte, verwendet kein Ei. Die Masse ist dann etwas weicher.
Die Pastetenmasse kann mit 50 ml Sahne verfeinert werden. Dann bitte nur 1 EL Sonnenblumenöl verwenden.

KJ/Kcal	2162/519
Eiweiß	31 g
Fett	35 g
Kohlenhydrate	27 g

Lauchquiche

Zutaten für 4 Personen
Für den Mürbeteig:
- 200 g Weizenvollkornmehl
- 2 EL Wasser
- 1 Ei
- Vollmeersalz
- 100 g gut gekühlte Butter oder Margarine
- Mehl zum Ausrollen.

Für den Belag
- 300 g Lauch
- 1 Fleischtomate
- 2 EL Pflanzenöl
- 150 g Lopino
- 100 g Quark oder Joghurt
- 150 g Emmentaler Käse
- Vollmeersalz
- weißer Pfeffer
- geriebene Muskatnuß

Das Lopino mit einer Gabel zerdrücken, mit Vollmeersalz abschmecken und durchziehen lassen.

Für den Teig Mehl auf die Arbeitsfläche geben und in die Mitte eine Mulde drücken.

Ei, Wasser und Vollmeersalz in die Mulde geben.

Die Butter oder Margarine in Flocken auf den Rand setzen.

Mit den Händen schnell von außen nach innen einen Teig kneten.

Sollte der Teig zu fest sein, noch etwas Wasser dazugeben.

Den Teig zu einer Kugel formen und in einer Schüssel abgedeckt 30 Minuten im Kühlschrank ruhen lassen.

Den Teig auf der bemehlten Arbeitsfläche ausrollen.

Den Boden einer Springform von 24 cm Durchmesser mit 2/3 des Teiges auslegen. Den restlichen Teig zu einer Rolle formen, als Rand an den Boden legen. Die Teigrolle am Boden andrücken und an den Wänden der Form hochdrücken.

Den Boden mehrmals mit einer Gabel einstechen.

Für den Belag den Lauch putzen, waschen und in Ringe schneiden.

Die Tomate mit heißem Wasser überbrühen und die Haut abziehen.

Das Öl in einer Pfanne erhitzen und den Lauch und die Tomate bei geschlossenem Deckel 5 Minuten darin andünsten.

Mit Lopino und Quark verrühren und mit Vollmeersalz, Pfeffer und Muskat abschmecken.

Den Käse reiben.

Den Belag in die Springform geben und mit dem geriebenen Käse bedecken.

Die Springform in den vorgeheizten Backofen auf die mittlere Schiene stellen.

In 25 Minuten bei 200 °C (Heißluftherd 170 °C, Gas Stufe 3) backen.

KJ/Kcal	2502/600
Eiweiß	28 g
Fett	38 g
Kohlenhydrate	36 g

Lopino bleu mit Safranmöhren

Zutaten für 4 Personen

- 200 g Lopino
- 1 TL Vollmeersalz
- 2 EL Tahin
- 100 ml Wasser
- 200 g frischer Blattspinat
- 80 g Käse (z. B. Edamer)
- 1 Ei
- Vollkornpaniernehl
- 20 g pflanzliches Bratfett
- 600 g Möhren
- Vollmeersalz
- schwarzer Pfeffer aus der Mühle
- 80 ml Pflanzenöl
- 100 ml Gemüsebrühe
- 2 EL Weizenvollkornmehl
- 1 Briefchen Safran (0,125 g)
- 1 EL frische Kerbelblätter

Lopino in 8 Scheiben schneiden, jede ca. 0,7 cm dick (à 25 g).

Wasser mit 1 TL Vollmeersalz und 2 EL Tahin verrühren und das Lopino darin ca. zwei Stunden marinieren.

Den Blattspinat zubereiten.

Die Möhren putzen und in Stifte schneiden

Lopino aus der Marinade nehmen und gut trockentupfen.

Vier Scheiben Lopino jeweils mit 25 g Blattspinat und 20 g Käse belegen und mit einer Scheibe Lopino bedecken.

Zum Befestigen zwei kleine Holzstäbchen verwenden, die durch das Lopino bleu gestochen werden. Die Holzstäbchen dürfen nicht hervorstehen (bei Bedarf kürzen), da das Lopino bleu von beiden Seiten gebraten wird.

Zum Panieren auf einem Teller das Ei verquirlen und auf einen anderen Teller Vollkornpaniermehl geben.

Die Lopino bleu sehr vorsichtig erst im Ei und dann im Vollkornpaniermehl wenden, bis alle Stellen mit Paniermehl bedeckt sind.

In einer Pfanne das Bratfett bei mittlerer Hitze erhitzen und die Lopino bleu hineingeben. Diese von einer Seite ca. 5 Minuten braten, bis sich eine goldbraune Kruste gebildet hat. Dann die Lopino bleu vorsichtig mit zwei Pfannenwendern wenden und weitere 5 Minuten braten.

Die Lopino bleu aus der Pfanne nehmen und warm stellen.

In einem Topf 40 ml Pflanzenöl erhitzen und die Möhrenstifte darin 5 Minuten andünsten .

Das restliche Öl und die Gemüsebrühe dazugeben, mit dem Vollkornmehl abbinden, kurz aufkochen, mit Vollmeersalz und Pfeffer abschmecken und den Safran zu den Möhren geben.

Die Möhren und das Lopino bleu auf einem Teller servieren und mit dem frischen Kerbel bestreuen.

Tip: Als Beilage empfiehlt sich eine Vollkornreis/Wildreis-Mischung.

KJ/Kcal	2200/528
Eiweiß	27 g
Fett	32 g
Kohlenhydrate	31 g

Lopino-Sticks mit Spargel in Basilikumsauce

Zubereitung für 4 Personen
Für die Lopino-Sticks:
- 200 g Lopino
- Sojasauce
- Senf
- Vollkornpaniermehl
- Pflanzenöl

Für den Spargel:
- 800 g weißer Spargel
- 1/4 l Salzwasser
- 20 g Butter oder Margarine
- 1 TL Honig

Für die Basilikumsauce:
- 1/8 l Spargelwasser
- 1/8 l Sahne (ersatzweise Sojamilch)
- 1 TL Vollkornmehl
- 1 – 2 TL Zitronensaft
- 1 Bund Basilikum
- Vollmeersalz
- Schwarzer Pfeffer (frisch gemahlen)
- Muskatnuß (frisch gerieben)

Lopinosticks:
Lopino in 1 cm dicke Scheiben schneiden (ca. 2 cm breit) und nebeneinander auf eine Platte legen. Mit Sojasauce begießen, bis die Lopinoscheiben ganz bedeckt sind.
Über Nacht zum Marinieren im Kühlschrank stehen lassen.
Die Sticks vorsichtig aus der Sojasauce nehmen. Die überflüssige Sojasauce abtupfen. Von beiden Seiten mit Senf bestreichen.
Die Lopinosticks in Paniermehl wenden, so daß alle Stellen gut bedeckt sind.
Öl in einer Pfanne erhitzen und die Sticks bei mittlerer Hitze in ca. 8 – 10 Minuten goldbraun braten.
Die Lopinosticks auf ein Haushaltstuch legen, damit überschüssiges Öl aufgesaugt wird.
Auf einer Platte anrichten und warm stellen.

Spargel:
Spargel gründlich schälen und die Enden abschneiden.
Salzwasser erhitzen, Butter und Honig dazugeben und den Spargel 10 Minuten bei schwacher Hitze garen.
Den Spargel aus dem Wasser nehmen und abtropfen lassen und auf einer Platte anrichten.

Basilikumsauce:
Das Mehl mit 2 EL der Sahne anschwitzen. Das Spargelwasser und die restliche Sahne dazugeben und aufkochen. Etwas einreduzieren lassen.
Die Basilikumblätter vom Stengel zupfen und kleinhacken. Zu der Sauce geben und alles nochmals kurz erhitzen.
Die Sauce mit Vollmeersalz, Pfeffer und Muskatnuß und Zitronensaft würzen.
Zum Spargel servieren.

Tip: *Zu diesem Gericht frische Pellkartoffeln servieren. Als Garnitur passen Linsensprossen.*

KJ/Kcal	1860/446
Eiweiß	28 g
Fett	17 g
Kohlenhydrate	31 g

Grünkohl mit Eßkastanien und karamelisierten Kartoffeln *(ohne Abb.)*

Zutaten für 4 Personen
- 2 kg Grünkohl
- 500 g Eßkastanien
- 40 g Sonnenblumenöl
- 2 Zwiebeln
- 500 ml Gemüsebrühe
- 2 EL Haferflocken
- 100 g Haferkörner
- 200 ml Gemüsebrühe
- 200 g Lopino
- Vollmeersalz
- weißer Pfeffer
- 1 kg kleine Kartoffeln
- Vollmeersalz
- ca. 40 ml Pflanzenöl
- 30 g Rohrzucker

Den Grünkohl von den groben Stielen streifen, waschen, abtropfen und kleinhacken.

Das Pflanzenfett in einem Topf erhitzen und die Zwiebeln darin glasig andünsten.

Den Grünkohl in den Topf geben und die Gemüsebrühe dazugießen. Etwa 50 Minuten kochen lassen.

Die Gemüsebrühe aufkochen, die Haferkörner hineingeben und im geschlossenen Topf 40 Minuten bei schwacher Hitze ausquellen lassen.

Die Kartoffeln waschen und in Salzwasser ca. 30 Minuten lang kochen.

Den Backofen (Elektroherd 220 °C, Gas Stufe 4) vorheizen.

Die Schale der Eßkastanien einritzen.

Die Eßkastanien auf einem Backblech in den Herd geben, bis die Schale kroß ist und sich leicht entfernen läßt. Die abgezogenen Eßkastanien warm stellen.

Die Pellkartoffeln von Herd nehmen und mit kaltem Wasser abschrecken.

Die Kartoffelschalen abziehen und die Kartoffeln weiter abkühlen lassen.

Nach 50 Minuten zum Grünkohl das Lopino, die Haferflocken und die Haferkörner hinzufügen, mit Vollmeersalz und Pfeffer abschmecken und weitere 10 Minuten kochen lassen. Abschließend noch einmal abschmecken.

Pflanzenöl in einer großen Pfanne erhitzen und die Kartoffeln hineingeben. Die Kartoffeln in 5 Minuten leicht anbräunen. Den Rohrzucker über die Kartoffeln streuen und 5 Minuten karamelisieren lassen. Dabei ab und zu umrühren.

Den Grünkohl auf einer Platte anrichten, die Kastanien darauf legen und die Kartoffeln rundherum verteilen.

KJ/Kcal	3729/894
Eiweiß	43 g
Fett	31 g
Kohlenhydrate	116 g

Austernpilze mit Lopino-Risotto *(ohne Abb.)*

Zubereitung für 4 Personen

- 400 g Austernpilze
- 40 g Butter oder Margarine
- 100 g Vollkornreis
- 200 ml Salzwasser
- 2 EL Erbsen
- 200 g Lopino
- 2 EL Shoyu
- Vollmeersalz
- schwarzer Pfeffer (frisch gemahlen)
- Petersilie

200 ml Salzwasser aufkochen, den Vollkornreis dazugeben und im geschlossenen Topf 25 Minuten bei schwacher Hitze quellen lassen.

In der Zwischenzeit die Austernpilze putzen.

Lopino mit einer Gabel grob zerteilen.

Die Austernpilze salzen und peffern und in der Butter oder Margarine anbraten.

Die Austernpilze aus der Pfanne nehmen und warmstellen.

Lopino in die Pfanne geben, mit Shoyu und evtl. Vollmeersalz abschmecken und 5 Minuten vorsichtig braten. Bei Bedarf noch etwas Margarine dazugeben. Die Erbsen dazugeben und weitere 5 Minuten miterhitzen.

Lopino und Erbsen mit dem Reis vermischen.

Die Austernpilze und Lopino-Risotto auf Tellern anrichten und mit Petersilie garnieren.

Tip: *Zu diesem Gericht paßt der Feldsalat mit Senf-Sherry-Sauce. (s. Salate)*

KJ/Kcal	1151/276
Eiweiß	7 g
Fett	12 g
Kohlenhydrate	23 g

Möhren-Senf-Bratling mit zweifarbiger Sauce

Zutaten für 4 Personen
- 50 g Grünkernschrot
- 80 ml Gemüsebrühe
- 200 g Lopino
- 5 – 6 EL Shoyu
- 3 1/2 EL Senf
- 2 Zwiebeln
- 1 EL Pflanzenöl
- 40 g geraspelte Möhren
- 1 Bund Petersilie
- 1 EL Kartoffelpüree
- 2 EL Vollkornpaniermehl
- 1 Ei
- Vollmeersalz
- schwarzer Pfeffer
- Majoran

Für die Saucen:
- 200 g Möhren
- 2 EL Distelöl
- Vollmeersalz
- Weißer Pfeffer
- 400 g Broccoli
- 2 EL Distelöl
- Vollmeersalz
- 1 Msp. frisch geriebene Muskatnuß
- weißer Pfeffer

Bratlinge:

Die Gemüsebrühe erhitzen, den Grünkernschrot hineingeben und 1 Minute sprudelnd kochen. Anschließend bei schwacher Hitze 20 Minuten quellen lassen. Etwas abkühlen lassen.

Lopino mit einer Gabel zerdrücken und mit Shoyu und Senf gut verrühren.

Die Zwiebeln in feine Würfel schneiden, Öl in einer Pfanne erhitzen und die Zwiebeln darin andünsten.

Die Möhren raspeln, die Petersilie fein hacken.

Vollkornpaniermehl, verquirltes Ei und Kartoffelpürree mit der Lopinomasse gut vermengen.

Das Gemüse untermischen und mit Vollmeersalz, schwarzem Pfeffer und Majoran abschmecken.

Ausreichend Pflanzenöl bei mittlerer Flamme erhitzen.

Aus der Bratlingmasse kleine Bälle (tischtennisballgroß) formen und etwas flach drücken.

Im Öl braten, bis beide Seiten goldbraun sind. Dabei häufiger den Bratling leicht vom Pfannenboden lösen, damit er nicht festbrät.

Bratlinge aus der Pfanne nehmen und auf einem Haushaltstuch das überflüssige Fett abtupfen und warm stellen.

Sauce:

Für die Sauce das Gemüse putzen und waschen. Die Möhren kleinschneiden, den Broccoli in Röschen teilen. Jeweils in einem Topf 1/4 l Salzwasser erhitzen, das Gemüse in die Töpfe hineingeben und 15 Minuten bei schwacher Hitze weichkochen.

Das Gemüse aus dem Topf nehmen und abschrecken.

Die Möhren und den Broccoli jeweils getrennt mit dem Distelöl pürieren oder im Mixer zerkleinern. Mit Vollmeersalz und weißem Pfeffer abschmecken. Den Broccoli außerdem mit Muskatnuß abschmecken.

Die beiden Saucen jeweils in ein Gefäß mit Gießer geben (z. B. Saucieren).
Die Bratlinge auf Tellern in die Mitte eines Tellers geben. Die beiden Saucen gleichzeitig von jeweils einer Seite langsam angießen, ohne daß sich beide vermischen. Dieses gibt einen hübschen optischen Effekt.

Tip: *Ist die Bratlingmasse zu weich, sollte noch etwas Kartoffelpüree dazugegeben werden. Zu den Bratlingen Gemüse (z. B. Möhren, Broccoli oder Zucchini) oder einen Salat servieren.*

KJ/Kcal	1586/380
Eiweiß	24 g
Fett	19 g
Kohlenhydrate	27 g

Curry-Bratling *(ohne Abb.)*

Zutaten für 4 Personen
- 50 g Bulghurschrot
- 100 ml Gemüsebrühe
- 200 g Lopino
- 6 EL Shoyu
- 4 TL Curry
- 2 TL gemahlene Mandeln
- 1 EL Hirse
- 1 El Kartoffelpüree
- 1 EL Vollkornpaniermehl
- 1 1/2 Zwiebeln (mittlere Größe)
- 2 EL Pflanzenöl
- 40 g geraspelte Möhren
- Vollmeersalz
- Pflanzenöl zum Braten

Gemüsebrühe erhitzen, Bulghurschrot hineingeben und 1 Minute sprudelnd mitkochen lassen. Anschließend bei schwacher Hitze 20 Minuten quellen lassen. Etwas abkühlen lassen.
Lopino mit einer Gabel fein zerdrücken und mit Shoyu, Curry und den gemahlenen Mandeln vermengen.
Vollkornpaniermehl, Kartoffelpüree, den gequollenen Bulghurschrot und die Hirse unter die Lopinomasse mischen
Die Zwiebel fein würfeln. Öl in einer Pfanne erhitzen und die Zwiebeln darin andünsten.
Die Möhren grob raspeln und zu den Zwiebeln geben. 2 Minuten mit andünsten. Die Möhren und die Zwiebeln zur Bratlingmasse geben.
Mit Vollmeersalz und Curry abschmecken.
Ausreichend Öl in einer Pfanne auf mittlerer Flamme erhitzen.
Aus der Bratlingmasse kleine Bälle formen, etwas flachdrücken und in dem Öl von allen Seiten goldbraun anbraten. Dabei mit dem Pfannenwender den Bratling ab und zu leicht anheben (s. Möhren-Senf-Bratling).
Die Bratlinge aus der Pfanne nehmen und auf Haushaltspapier legen, damit das überflüssige Fett abgesaugt wird.
Auf einer vorgewärmten Platte servieren.

Tip: *Ist die Bratlingmasse zu weich, sollte noch etwas Kartoffelpürree dazugegeben werden.*
Mit der im vorherigen Rezept beschriebenen Möhrensauce und einem Rohkostsalat servieren.

KJ/Kcal	1553/372
Eiweiß	21 g
Fett	20 g
Kohlenhydrate	28 g

Zucchini mit Schafkäsefüllung *(ohne Abb.)*

Zutaten für 4 Personen
- 4 mittelgroße Zucchini
- 150 g Dinkel
- 300 ml Wasser
- 1 TL Gemüsebrühe
- 150 g Lopino
- 1 EL Olivenöl
- 200 g Schafskäse
- 2 EL Joghurt
- 200 g Fleischtomaten
- 2 Frühlingszwiebeln
- Vollmeersalz
- schwarzer Pfeffer
- 1/2 Bund frisches oder 1/2 TL getrocknetes Basilikum
- 1/2 Bund frischen oder 1/2 TL getrockneten Oregano
- 1/8 l Gemüsebrühe

300 ml Wasser und die Gemüsebrühe zum Kochen erhitzen. Den Dinkel dazugeben und aufkochen, anschließend bei schwacher Hitze 1 Stunde ausquellen lassen.

Die Zucchini waschen und zur Hälfte aushöhlen. Das dabei entfernte Zucchinifleisch würfeln.

Die Fleischtomate würfeln, die Frühlingszwiebeln in Röllchen schneiden.

Lopino mit dem Olivenöl pürieren und in eine Schüssel geben.

Den Schafkäse mit einer Gabel zerdrücken und die Hälfte davon zusammen mit dem Joghurt unter die Lopinomasse heben.

Mit Vollmeersalz, schwarzem Pfeffer und den Kräutern verrühren.

Die Zucchini-, Tomatenwürfel, die Frühlingszwiebelröllchen und den Dinkel unterheben.

Die Masse in die Zucchinihälften füllen und mit der Hälfte des Schafskäses bestreuen.

Die Gemüsebrühe in eine feuerfeste Form geben, die Zucchini hineinsetzen und 30 Minuten im vorgeheizten Backofen (Elektroherd 220 °C, Heißluft 190 °C, Gas Stufe 4) erhitzen.

KJ/Kcal	1572/377
Eiweiß	22 g
Fett	19 g
Kohlenhydrate	33 g

Zucchini mit Nuß- Käse- Sauce und Quinoa-Timbal

Zutaten für 4 Personen:

- 4 mittelgroße Zucchini (jeweils ca. 100 g)
- 125 g Quinoa
- 1/4 l Gemüsebrühe
- 1 EL ungehärtete Margarine
- 100 g Lopino
- 40 g geriebene Haselnüsse
- 2 EL Weizenvollkornmehl
- 200 ml Milch
- 200 ml Gemüsebrühe
- 60 g geriebener Käse
- Vollmeersalz
- Schwarzer Pfeffer (frisch gemahlen)

Quinoa gründlich waschen.

Die Gemüsebrühe aufkochen, Quinoa hineingeben und im geschlossenen Topf bei schwacher Hitze ca. 15 Minuten quellen.

Die Haselnüsse in der Margarine kurz anrösten und das Mehl zugeben. Mit Milch und der Gemüsebrühe kurz aufkochen.

Lopino zugeben und mit einem Pürierstab durchmischen. Käse unterrühren und ca. 5 Minuten erhitzen.

Zucchini in dünne Scheiben schneiden und in 5 Minuten in Salzwasser blanchieren.

Für den Quinoa-Timbal, das Quinoa in eine kleine angefeuchtete Form geben und schnell auf einen Teller stürzen.

Die Zucchinischeiben dazugeben und die Sauce anlegen.

kJ / kcal	1573/377
Eiweiß	22 g
Fett	19 g
Kohlenhydrate	33 g

Vollkornspaghetti mit Tomatensauce

Zutaten für 4 Personen
500 g Vollkornspaghetti (z. B. Grünkernspaghetti)
Salzwasser

Für die Sauce:
200 g Lopino
2 TL Gemüsebrühe
2 EL Olivenöl
1 mittelgroße Zwiebel
1 Knoblauchzehe
2 – 3 EL Olivenöl
400 g reife Tomaten
1 EL Tomatenmark
10 schwarze Oliven ohne Stein
2 milde oder mittelscharfe Peperoni
100 g Möhren
1/2 Bund frisches Basilikum
1/2 Bund Petersilie
1/2 TL Paprika edelsüß
Vollmeersalz
Schwarzer Pfeffer (frisch gemahlen)
frisch geriebener Parmesankäse

Für die Sauce Lopino mit einer Gabel zerdrücken, mit dem Olivenöl und der Gemüsebrühe verrühren und ca. 2 Stunden im Kühlschrank durchziehen lassen.

Die Zwiebel fein würfeln, die Knoblauchzehe fein hacken. 2 EL Olivenöl in einem Topf erhitzen und beides darin andünsten.

Die Tomaten in kleine Würfel schneiden und zusammen mit dem Tomatenmark dazugeben. Bei mittlerer Hitze 5 Minuten kochen lassen.

Die Oliven in Scheiben schneiden, die Perperoni in feine Ringe und die Möhre in kleine Würfel. Das Gemüse und das Lopino in den Topf geben und weitere 5 Minuten mitkochen lassen.

Basilikum und die Petersilie kleinhacken und in die Sauce geben. Paprika edelsüß dazu und mit Vollmeersalz und schwarzem Pfeffer abschmecken. Weitere 5 Minuten erhitzen.

Das Salzwasser aufkochen lassen. Die Spaghetti hineingeben und bei mittlerer Hitze entsprechend der Verpackungsvorschrift garen.

Das Spaghettiwasser abgießen, die Spaghetti auf Tellern anrichten und die Tomatensauce darübergeben. Nach Geschmack mit Parmesan bestreuen.

Tip: *Die Nudeln nach dem Abgießen des Wassers mit etwas Pflanzenöl übergießen, damit sie nicht zusammenkleben.*
Die Sauce kann auch noch mit Frühlingszwiebeln verfeinert werden.

KJ / Kcal	2394/574
Eiweiß	29 g
Fett	20 g
Kohlenhydrate	72 g

Grüne Paprikaschoten mit Dinkelfüllung

Zutaten für 4 Personen

- 4 grüne Paprikaschoten à 150 g
- 250 g Dinkel
- 500 ml Wasser
- 2 TL Gemüsebrühe
- 150 g Lopino
- 2 EL Olivenöl
- 1 Zwiebel
- 1 Knoblauchzehe
- 3 EL Joghurt (oder Sojacremig von Vitaquell)
- 1 EL Weizenvollkornmehl
- 1 EL Tomatenmark
- Vollmeersalz
- schwarzer Pfeffer
- 1/2 Bund Basilikum oder 1/2 TL getrocknetes Basilikum
- 1/2 Bund Oregano oder 1/2 TL getrockneten Oregano
- 1 EL Olivenöl

Für die Sauce:

- 1/4 l Gemüsebrühe
- 250 g Tomaten

Paprikaschoten:

500 ml Wasser mit 2 TL Gemüsebrühe und den Dinkel aufkochen. Anschließend eine weitere Stunde zum Quellen bei niedriger Hitze ausquellen lassen

Für die Füllung Lopino zusammen mit dem Öl in eine Schüssel geben und pürieren.

Die Zwiebel und den Knoblauch würfeln und in 1 EL Olivenöl glasig dünsten.

1 EL Joghurt mit dem Mehl verrühren, so daß sich keine Klümpchen bilden.

Den restlichen Joghurt dazugeben und mit Vollmeersalz, schwarzem Pfeffer, Tomatenmark, Lopino und der angedünsteten Zwiebel und dem angedünsteten Knoblauch verrühren. Mindestens 1/2 Stunde ziehen lassen.

Die Paprikaschoten der Länge nach halbieren, entkernen und helle Rippen herauslösen. Die Paprikaschoten waschen und trockentupfen.

Den Dinkel in der Pfanne leicht anrösten und mit der restlichen Füllung vermengen.

Die Füllung in die Paprikaschoten geben.

Für die Sauce die Tomaten mit heißem Wasser überbrühen, die Haut abziehen und die Tomaten vierteln.

1/4 l Gemüsebrühe und die Tomaten in einem Topf zum Kochen erhitzen, miteinander verrühren, die Paprikaschoten hineinstellen und zugedeckt 30 Minuten bei mittlerer Hitze garen.

Nach dem Garen die Paprikaschoten auf Teller stellen und mit der Sauce servieren.

Tip: *Die Füllung kann vor dem Überbacken jeweils mit einer Scheibe Mozarella belegt werden.*

KJ/Kcal	1719/412
Eiweiß	22 g
Fett	15 g
Kohlenhydrate	55 g

Rote Paprikaschoten mit Mandel-Reisfüllung *(s. Abb. S. 55)*

Zutaten für 4 Personen

4 rote Paprikaschoten à 150 g
1 grüne Paprikaschote ca. 150 g
150 g Vollkornreis
300 ml Wasser
Vollmeersalz
1 mittelgroße Zwiebel (100 g)
1 EL Sonnenblumen- oder Maiskeimöl
100 g Lopino
2 EL Crème fraîche oder Sojacreme
1 EL Vollkornmehl
2 EL Shoyu
1 EL gehackte Petersilie
je 1 Msp Ingwer, Piment, Kreuzkümmel
100 g gehackte Mandeln
125 g Frischkäse (fettarm)
1/8 l Gemüsebrühe

Von den roten Paprikaschoten einen Deckel abschneiden, vorsichtig entkernen, die hellen Rippen entfernen und waschen.

Die grüne Paprikaschote halbieren, entkernen, die hellen Rippen entfernen, waschen und anschließend in Würfel schneiden.

Das Wasser für den Reis und das Vollmeersalz zum Kochen erhitzen, Vollkornreis dazugeben und 25 Minuten bei geschlossenem Topf am schwachen Sieden halten.

Für die Füllung Lopino mit einer Gabel zerdrücken und mit Shoyu, der gehackten Petersilie, Ingwer, Piment und Kreuzkümmel abschmecken.

Crème fraîche oder Sojacreme zuerst mit dem Mehl dann mit dem Frischkäse verrühren und unter die Lopinomasse unterheben.

Die gewürfelte Zwiebel in einer Pfanne mit dem Öl glasig dünsten und unter die Masse mischen. 30 Minuten durchziehen lassen.

Den fertigen Reis und die grünen Paprikawürfel mit der Masse verrühren.

Die gehackten Mandeln vorsichtig in einer Pfanne rösten und unter die Füllung heben.

Die Füllung in die Paprikaschoten geben und mit dem Paprikadeckel verschließen.

Die Paprikaschoten in eine zu verschließende feuerfeste Form setzen und zugedeckt in dem vorgeheizten Backofen (Elektroherd 220 °C, Heißluft 190°C, Gas Stufe 4) 20 Minuten garen. Anschließend ohne Deckel weitere 10 Minuten garen.

KJ/Kcal	2032/487
Eiweiß	22 g
Fett	27 g
Kohlenhydrate	41 g

Indisches Currygericht *(ohne Abb.)*

Zubereitung für 4 Personen

2 Tassen Basmatireis
4 Tassen Gemüsebrühe
1 großer Blumenkohl
Salzwasser
200 g Lopino
4 EL Shoyu
1 reife Ananas
1 EL Rohrzucker
1 große Zwiebel
2 EL Sojaöl
1 EL Curry
1 EL gemahlener Koriander
1 EL Parika, rosenscharf
1/2 TL Senfkörner
100 g Kokosraspel
100 ml Milch
2 EL Joghurt

Die Gemüsebrühe aufkochen lassen, den Basmatireis dazugeben und in 30 Minuten garkochen.

Den Blumenkohl waschen, putzen, in Röschen zerteilen und 10 Minuten im Salzwasser garen und etwas abkühlen lassen.

Lopino mit einer Gabel fein zerdrücken und mit dem Shoyu würzen.

Von der Ananas die Außenhaut abschneiden. Die Ananas in 1 cm dicke Scheiben schneiden und würfeln. Wenn der Teil in der Mitte zu fest ist, wird dieser entfernt.

Die Zwiebel in Ringe schneiden.

Das Sojaöl in einer Pfanne bei mittlerer Flamme erhitzen und die Zwiebelringe goldbraun andünsten.

Den Blumenkohl, die Ananas und den Rohzucker dazugeben und 5 Minuten mit andünsten.

Lopino mit Joghurt, Milch, Kokosraspeln und den Gewürzen vermengen und zu dem Gemüse geben.

Weitere 10 Minuten in geschlossener Pfanne garen.

Zusammen mit dem Basmatireis servieren.

KJ/Kcal	2200/528
Eiweiß	27 g
Fett	14 g
Kohlenhydrate	79 g

Chili con Lopino

Zubereitung für 4 Personen:

250 g rote, getrocknete Bohnen
1 l Wasser
100 g geschroteter Grünkern
200 ml Gemüsebrühe
200 g Vollkornreis
400 ml Salzwasser
300 g Tomaten
1 grüne Paprika
1 Zwiebel
2 Knoblauchzehen
3 EL Olivenöl
150 g Lopino
Vollmeersalz
schwarzer Pfeffer
1 TL Chilipulver
1 EL Paprika, edelsüß
evtl. 1 EL Weizenvollkornmehl

Die Bohnen über Nacht in 1 l Wasser einweichen und anschließend im Einweichwasser 90 Minuten kochen.

Die Gemüsebrühe aufkochen, den geschroteten Grünkern hineingeben und 1 Minute mitkochen. Den Grünkern 20 Minuten bei niedrigster Flamme quellen lassen.

400 ml Salzwasser zum Kochen bringen, den Vollkornreis dazugeben und bei niedriger Hitze ca. 25 Minuten weitererhitzen.

Die Zwiebel würfeln, den Knoblauch fein hacken.

2 EL Olivenöl in einer Pfanne erhitzen. Zwiebeln und Knoblauch darin glasig dünsten. Lopino dazugeben und anbraten. Mit Vollmeersalz und schwarzem Pfeffer abschmecken.

Die Tomaten mit heißem Wasser überbrühen, abziehen und achteln.

Tomaten, Grünkern, Lopino, Zwiebeln und Knoblauch zu den Bohnen geben. Mit Vollmeersalz, Pfeffer, Chilipulver und Paprika edelsüß abschmecken. 30 Minuten bei mittlerer Hitze kochen.

Den Reis dazugeben und nochmals abschmecken.

Falls nötig mit 1 EL Weizenvollkornmehl abbinden.

Tip: *Zu dem Chili con Lopino Vollkornbaguette servieren.*

KJ/Kcal	2468/592
Eiweiß	31 g
Fett	14 g
Kohlenhydrate	87 g

Spezialitäten aus aller Welt
GUADALQUIVIR
Natives
OLIVENÖL
extra

Taccos mit pikanter Füllung

Zubereitung für 4 Personen

- 300 g Kidneybohnen
- 1,2 l Wasser (zum Einweichen)
- 200 g Lopino
- 4 EL Shoyu
- 3 EL Olivenöl
- 12 Tacco Shells (fertig gekauft)
- 1 grüne Parikaschote (ca. 60 g)
- 2 Zwiebeln
- 2 Knoblauchzehen
- 2 EL Pflanzenöl
- 2 Peperoni
- 1 TL Kreuzkümmel
- 1 TL Koriander
- 1/2 TL Paprika, rosenscharf
- Vollmeersalz
- Schwarzer Pfeffer
- Einige Blätter Salat (Kopfsalat oder Eisbergsalat)

Die Bohnen über Nacht in dem Wasser einweichen.

Das Lopino mit einer Gabel zerdrücken, mit Sojasauce und Olivenöl vermischen und 2 Stunden durchziehen lassen. Bei Bedarf mit Vollmeersalz abschmecken.

Die Kidneybohnen 90 Minuten in dem Einweichwasser garkochen.

Die Paprikaschote halbieren, putzen und in kleine Würfel schneiden. Die Peperoni kleinschneiden.

Die Zwiebeln würfeln, die Knoblauchzehe kleinhacken und in Öl goldbraun dünsten.

Die gewürfelte Paprikaschote, die Peperoni und die Lopinomasse dazugeben und 5 – 8 Minuten zugedeckt mitdünsten.

Die Kidney-Bohnen mit einer festen Gabel zerdrücken, bis eine Masse entstanden ist.

Die zerdrückten Kidneybohnen zu der Füllung geben und gut miteinander vermengen.

Kreuzkümmel, Koriander, Paprika dazugeben und gut unterrühren. Mit Vollmeersalz und schwarzem Pfeffer abschmecken. Weitere 5 Minuten erhitzen.

Die Füllung warmstellen.

Die Tacco Shells im vorgeheizten Backofen (150 °C, Gas Stufe 2) ca. 10 Minuten aufwärmen.

In der Zwischenzeit die Salatblätter waschen, in sehr feine Streifen schneiden und unter die Füllung heben.

Die Füllung in die Tacco Schells geben und heiß servieren.

Tip: *Die Taccos können auch selbst hergestellt werden aus einem Teig aus Maismehl, pflanzlichem Öl und Vollmeersalz. Zum Backen wird ein Tacco-Eisen benötigt.*

KJ/Kcal	2252/540
Eiweiß	33 g
Fett	24 g
Kohlenhydrate	55 g

Rotes Linsengericht

Zutaten für 4 Personen
200 g rote Linsen
800 ml Einweichwasser
200 g Lopino
6 EL Shoyu
Saft einer halben Zitrone
2 – 3 Möhren (ca. 100 g)
200 g Porree
2 Knoblauchzehen
3 EL Sojaöl
100 g feste Birnen
1 – 2 EL Curry
1 TL geriebener Koriander oder
1 EL frischer Koriander
1/2 TL Kreuzkümmel
1/2 TL Zimt
Vollmeersalz
Zitronensaft
4 Scheiben Vollkornbaguette
2 EL Sojaöl

Die Linsen über Nacht im Einweichwasser einweichen.

Lopino zerbröseln. Marinade aus Shoyu und Zitronensaft anrühren und darübergießen. Mindestens 2 Stunden durchziehen lassen.

Möhren in Stifte und Porree in Ringe schneiden. Den Knoblauch kleinhacken.

Das Öl in einem Topf erhitzen und das Gemüse bei mittlerer Hitze andünsten.

Die Birnen schälen und würfeln.

Die Linsen mit dem Einweichwasser, die Birnenwürfel und die Gewürze in den Topf zum Gemüse geben und 20 Minuten bei mittlerer Hitze kochen.

Nach 10 Minuten mit Vollmeersalz und Zitronensaft abschmecken.

Nach 15 Minuten den marinierten Lopino dazugeben und vorsichtig unterheben. 5 Minuten miterhitzen, aber nicht mehr umrühren.

Tip: *Zu diesem Gericht paßt Basmatireis mit Sonnenblumenkernen und ein Blattsalat mit Joghurtsauce.*
Das Linsengericht kann auch mit der würzig, leicht süßen Zwergenwürze abgeschmeckt werden.

KJ/Kcal	1889/453
Eiweiß	30g
Fett	17 g
Kohlenhydrate	44 g

Spezialitäten aus aller Welt
GUADALQUIVIR
Indonesische
SOJASAUCE
pikant süß

Acht vegetarische Köstlichkeiten

(s. Abb. S. 35)

Zutaten für 4 Personen
200 g Lopino

Marinade:
3 EL Tomatenketchup
5 EL Shoyu
1 TL Tabasco

Gemüse:
15 getrocknete Shitakepilze
Wasser
300 g Erbsen
500 g frische Sojakeimlinge
2 rote Paprikaschoten
2 Frühlingszwiebeln
100 g Bambusschößlinge
250 g chinesische Glasnudeln
Erdnuß- oder Maiskeimöl zum Braten
1 Tasse Brühe
2 EL Reiswein oder trockener Sherry
1 Bund Koriander oder 1 TL getrockneten Koriander
1 Bund Petersilie
1 EL Zwergenwürze (Ersatzweise 2 EL Sojasauce, 2 TL Pflanzenöl, 1 TL Honig, 1 Spritzer Zitronensaft und etwas Tomatenmark miteinander verrühren und in einem kleinen Topf einreduzieren lassen).

Die Shitakepilze entsprechend der Vorschrift (auf der Verpackung) einweichen und anschließend abtropfen lassen.
Die Zutaten für die Marinade miteinander verrühren.
Lopino in Würfel schneiden, mit der Marinade mischen und 2 Stunden ziehen lassen. Die restliche Marinade anschließend aufbewahren.
Die Paprikaschoten halbieren und in Streifen schneiden.
Die Frühlingszwiebeln in Röllchen schneiden.
Die Erbsen garkochen und abtropfen lassen.
Frische Sojabohnen in leicht gesalzenem Wasser in ca. 10 Minuten garkochen und abtropfen lassen, Sojabohnen aus der Dose abtropfen lassen.
Die Bambusschößlinge in schmale Scheiben schneiden.
Für die Glasnudeln Wasser zum Kochen erhitzen. Den Topf von der Herdplatte nehmen und die Glasnudeln in dem Wasser garziehen lassen. Anschließend das Wasser abgießen.
Öl in einer Pfanne erhitzen und die Lopinowürfel vorsichtig anbraten und aus der Pfanne nehmen.
Die Shitakepilze andünsten.
Die Brühe und den Rest Marinade dazugeben und unter Rühren aufkochen lassen.
Das Gemüse und die Glasnudeln dazugeben und 1 Minute unter Rühren erhitzen.
Mit Vollmeersalz, Peffer, Tobasco und Reiswein oder Sherry abschmecken.
Mit dem Lopino auf Tellern anrichten und mit Petersilie und Koriander bestreuen.

KJ/Kcal	2023/485
Eiweiß	27 g
Fett	11 g
Kohlenhydrate	73 g

Chinakohlrollen Shanghai *(ohne Abb.)*

Zutaten für 4 Personen
- 4 getrocknete Shitakepilze
- 150 g Lopino
- 100 g Crème fraîche oder Sojacreme
- 1 Eigelb
- 2 EL Shoyu
- Vollmeersalz
- weißer Peffer
- Ingwerpulver
- 100 g Basmativollkornreis oder Vollkornreis
- 200 ml Salzwasser
- 8 große Blätter Chinakohl
- 1/2 l Wasser
- 2 Frühlingszwiebeln
- 2 Möhren
- 1 Knoblauchzehe
- Sonnenblumenöl
- 200 ml Gemüsebrühe
- 1 TL Zwergenwürze (Ersatzweise 1 EL Sojasauce, 1 TL Pflanzenöl, 1/2 TL Honig, 1 Spritzer Zitronensaft und etwas Tomatenmark miteinander verrühren und in einem kleinen Topf einreduzieren lassen).
- 2 EL Reiswein oder Sherry

Die Shitakepilze entsprechend der Vorschrift auf der Verpackung einweichen und abtropfen lassen.

Die Pilze in Streifen schneiden.

Lopino mit einer Gabel zerdrücken, mit Crème fraîche (oder Soja Cremig), Eigelb und Shoyu vermischen, mit Vollmeersalz und Pfeffer abschmecken und 1/2 Stunde durchziehen lassen.

Den Basmatireis mit den 2 Tassen Salzwasser zum Kochen erhitzen und dann 25 Minuten bei leichtem Sieden weiterkochen.

Die Chinakohlblätter in kochendem Salzwasser 2 Minuten kochen, abtropfen und abkühlen lassen.

Die Frühlingszwiebeln in kleine Rollen und die Möhren in Stifte schneiden. Die Knoblauchzehe fein hacken.

Das Öl in einer Pfanne erhitzen und das Gemüse und die Pilze darin glasig dünsten.

Das gedünstete Gemüse, die Pilze, den Reis und 1 EL Reiswein bzw. Sherry mit der Lopinomasse gut vermischen.

Je 2 Chinakohlblätter nebeneinander legen, so daß sie sich überlappen.

1/4 der Füllung in die Wölbung der Stiele geben.

Die Blätter aufrollen, dabei an der Seite einschlagen und mit Faden umwickeln oder 2 Spießen feststecken.

Die Chinarollen in eine Auflaufform legen.

Die Brühe mit der Zwergenwürze und 1 EL Reiswein oder Sherry vermengen und dazugießen.

Im vorgeheizten Backofen (Elektroherd 200 °C, Heißluft 170 °C, Gas Stufe 3) 40 Minuten garen.

KJ/Kcal	1378/330
Eiweiß	16
Fett	18
Kohlenhydrate	26

Festliche Gemüsepastete

Zutaten für 6 – 8 Personen

Für die Füllung:

300 g Lopino
4 EL Walnußöl
4 EL Shoyu
2 EL Reisflocken
1 EL Vollkornweizenmehl
1 EL Vollkornpaniermehl
300 g Auberginen
3 EL Walnußöl
500 g frische Champignons
1/2 Bund Petersilie
25 g ungehärtete Margarine oder Butter
200 g Fenchel
200 g Äpfel
3 EL Sherry
400 g Tomaten
Saft einer halben Orange
100 g Grünkernschrot
100 g Walnüsse
Vollmeersalz
weißer Pfeffer

Für den Teig:

450 g Weizenvollkornmehl
1 TL Vollmeersalz
200 g ungehärtete Margarine
1/8 l Wasser (bei Bedarf etwas mehr)

Das Lopino mit einer Gabel zerdrücken, mit Walnußöl und Shoyu verrühren und durchziehen lassen. Mit Reisflocken, Weizenvollkornmehl und Vollkornpaniermehl vermengen.

Die Aubergine würfeln und im Walnußöl bei stärkerer Hitze 3 Minuten anbraten.

Die Champignons blättrig schneiden, zu den Auberginen hinzufügen und bei schwacher Hitze 10 – 15 Minuten weiterschmoren.

Die Petersilie feinhacken, unterrühren und die Gemüsemasse mit Vollmeersalz und Pfeffer abschmecken. Zum Abkühlen zur Seite stellen.

In einem Topf die Margarine oder Butter zerlassen, den Fenchel und die Äpfel in kleine Stücke schneiden und in der Margarine oder Butter 5 Minuten bei mittlerer Hitze andünsten.

Den Sherry über den Fenchel gießen und 2 Minuten bei schwacher Hitze weiterdünsten.

Die Tomaten mit heißem Wasser überbrühen, abziehen, in Würfel schneiden und zum Fenchel und den Äpfeln dazugeben. Zugedeckt 10 Minuten bei schwacher Hitze schmoren. Grünkernschrot und Orangensaft hinzufügen und zugedeckt weitere 10 Minuten schmoren. Bei Bedarf etwas Wasser zugeben, die Masse darf aber nicht weich werden.

Die Walnüsse raspeln oder kleinhacken und unterrühren. Mit Vollmeersalz und Pfeffer abschmecken und zum Abkühlen zur Seite stellen.

Teig

Das Mehl mit dem Vollmeersalz in einer Schüssel verrühren.

Wasser und Margarine zu dem Mehl und dem Vollmeersalz geben. Mit einem Handrührgerät gut verrühren, bis ein homogener Teig entsteht.

Aus dem Teig eine Kugel formen. Die Teigkugel auf einer bemehlten Arbeitsfläche ausrollen und die Kastenform damit auslegen.

Über den Rand muß soviel Teig überlappen, daß die Pastete damit verschlossen werden kann.

In den Teigmantel die Hälfte der Auberginen-Pilz-Masse einfüllen. Darauf 1/3 der Lopinomasse geben und die Hälfte der Fenchel-Tomaten-Masse. Darauf 1/3 der Lopinomasse verteilen und die zweite Hälfte der Auberginen-Pilz-Masse. Das letzte Drittel der Lopinomasse und die zweite Hälfte der Fenchel-Tomaten-Masse daraufgeben.

Die überlappenden Teigteile über die Füllung klappen und in der Mitte mit den Fingern zusammendrücken.

In die Mitte der Pastete mit dem Messer ein Loch schneiden, damit der Dampf entweichen kann.

In dem vorgeheizten Backofen auf mittlerer Schiene 20 Minuten bei 220°C (Heißluft 190°C, Gas Stufe 4) backen, denn die Hitze auf 190 °C (Heißluft 160 °C, Gas Stufe 2 – 3) reduzieren und 50 Minuten weiterbacken, bis die Pastete gar ist.

Tip: *Wenn einige Teigstücke übrig bleiben, kann der Pastetendeckel damit verziert werden. Der Phantasie sind dabei keine Grenzen gesetzt. Eine glänzende Teigoberfläche entsteht, wenn diese mit Eigelb bestrichen wird.*

KJ/Kcal	3523/845
Eiweiß	27 g
Fett	50 g
Kohlenhydrate	63 g

Kohlrabi mit Soja-Sherry-Sauce

Zutaten für 4 Personen:
- 4 mittelgroße Kohlrabi
- 200 g Lopino
- 8 ELSherry
- 4 EL Shoyu
- 100 ml Wasser
- 2 gehäufte EL Stärke
- Vollmeersalz

Den Kohlrabi schälen, halbieren, in dünne Scheiben schneiden. 10 Minuten in Salzwasser bei mittlerer Hitze kochen.

Die restlichen Zutaten in einen Kochtopf geben und mit dem Pürierstab gründlich durchmischen.

In dem Topf unter ständigem Rühren bei mittlerer Hitze kurz erhitzen.

Kohlrabi anrichten und die Sauce darüber geben.

Tip: *Als Beilage empfiehlt sich eine Naturreis-Grünkern-Mischung.*

KJ/Kcal	401/96
Eiweiß	10g
Fett	1 g
Kohlenhydrate	10 g

Aufläufe

Lasagne *(ohne Abb.)*

Zubereitung für 4 Personen
500 g Lasagnenudeln
Wasser
Vollmeersalz
2 EL Pflanzenöl (z. B. Olivenöl)

Für die Lopinomasse:
150 g Lopino
1 – 2 Möhren (100 g)
4 EL Sesamöl
2 EL Sojasauce
2 EL Mandelmus
Vollmeersalz
schwarzer Pfeffer

Für die Tomatensauce:
ca. 700 g Tomaten
1 kleine Dose Tomatenmark
2 Zwiebeln
1 – 2 Knoblauchzehen (je nach Geschmack)
2 EL Sonnenblumenöl
50 g schwarze, entsteinte Oliven
2 Peperoni
1 Bund frisches od 1 TL getrockenetes Basilikum
Vollmeersalz
Paprika, edelsüß
schwarzer Peffer, frisch gemahlen
150 g kräftiger Käse
Margarine oder Öl zum Einfetten

Zubereitung der Lopinomasse:
Das Lopino mit einer Gabel zerdrücken. Mit Öl, Sojasauce und Mandelmuß vermischen. Die Möhren reiben und unterheben. Die Lopinomasse mit Vollmeersalz und schwarzem Pfeffer abschmecken. Mindestens 2 Stunden durchziehen lassen.

Zubereitung der Tomatensauce:
Die Zwiebeln würfeln, den Knoblauch feinhacken und beides im Öl goldbraun andünsten.
Die Tomaten mit heißem Wasser überbrühen, häuten und in Würfel schneiden. Die Oliven vierteln, die Peperoni in kleine Würfel schneiden. Zu den Zwiebeln und Knoblauch geben.
Tomatenmark und Basilikum dazugeben.
Mit Vollmeersalz, schwarzem Pfeffer und Paprika abschmecken.
15 Minuten leicht kochen lassen.

Zubereitung der Nudeln:
Das Nudelwasser mit Vollmeersalz und dem Öl zum Kochen bringen.
Die Nudeln lt. Zubereitungsempfehlung auf der Verpackung darin garen.

Die Auflaufform einfetten.
Schichtweise abwechselnd Tomatensauce, Lopinomasse und Nudeln hineingeben.
Die oberste Schicht sind Nudeln, die mit dem geriebenen Käse bestreut werden.
Im vorgeheizten Backofen (Elektroherd 200 °C, Heißluft 170 °C, Gas Stufe 3) auf mittlerer Schiene 35 – 45 Minuten backen.

Tip: *Die Nudelplatten können auch selbst hergestellt werden. Dazu werden 500 g Weizenvollkornmehl und 500 g Weizenmehl der Type 550 benötigt, 700 ml Wasser, 1/2 TL Vollmeersalz. Den Teig mindestens 5 Minuten gut durchkneten, dünn ausrollen (1 – 2 mm) und in Platten schneiden. Die Teigplatten ausgebreitet auf einem Backblech ruhen lassen.*

KJ/Kcal	4182/1003
Eiweiß	35 g
Fett	45 g
Kohlenhydrate	108 g

Rotkohl-Kartoffel-Blech mit Lopinokruste
(ohne Abb.)

Zutaten für 4 Personen
Für den Rotkohl:
1 Rotkohl (1000 g)
2 säuerliche Äpfel (z. B. Boskop)
75 g Pflanzenmargarine
1 Zwiebel (60 g)
2 Nelken
1 Lorbeerblatt
6 Wachholderbeeren
1/8 l Gemüsebrühe
1/8 l frisch gepreßter Orangensaft
Vollmeersalz
frisch gemahlener schwarzer Pfeffer 100 g
gehackte Walnüsse (ersatzweise Haselnüsse)
2 EL Weinessig

Für die Kartoffeln:
700 g Kartoffeln
Salzwasser
1 – 2 Zwiebeln (ca. 100 g)
2 EL Pflanzenöl
Vollmeersalz
1 Msp. Zimt
2 Zweige Rosmarin

Für die Lopinokruste:
200 g Lopino
3 EL Shoyu
2 große säuerliche Äpfel
etwas Zitronensaft
100 ml Apfelsaft
Vollmeersalz
frisch gemahlener schwarzer Pfeffer

Zubereitung des Rotkohls:
Vom Rotkohl die äußeren Blätter entfernen. Den Kohl vierteln, den Strunk herausschneiden, abspülen und abtropfen lassen.
Den Kohl in eine Schüssel hobeln oder ganz fein schneiden.
Die Äpfel schälen, vierteln, Kerngehäuse entfernen und würfeln.
Die Zwiebeln schälen und würfeln.
Die Pflanzenmargarine in einem Topf auf mittlerer Flamme erhitzen, den Rotkohl, die Äpfel und die Zwiebel hineingeben und 5 Minuten andünsten. Nelken, Wacholderbeeren und Lorbeerblatt dazugeben. Gut umrühren.
Gemüsebrühe und Orangensaft dazugießen, mit Vollmeersalz und Pfeffer abschmecken und mit geschlossenem Deckel 60 Minuten bei schwacher Hitze garen.
Die Nelken und das Lorbeerblatt entfernen, Nüsse und Weinessig dazugeben.
Nochmals gut umrühren.

Zubereitung der Rosmarinkartoffeln:
Die Kartoffeln mit Schale im Salzwasser 20 Minuten garen, 10 Minuten abkühlen lassen und die Schale abpellen. Die Kartoffeln in Scheiben schneiden.
Von der Zwiebel die Schale entfernen und in Ringe schneiden.
Öl in einer Pfanne erhitzen, die Zwiebeln und die Kartoffelscheiben hineingeben und bei mittlerer Hitze ca. 5 Minuten anbraten. Mit Vollmeersalz und Zimt abschmecken.
Die Nadeln vom Rosmarinzweig zupfen und zu den Kartoffeln geben.

Zubereitung der Lopinokruste:
Lopino mit einer Gabel fein zerdrücken und mit dem Shoyu verrühren.
Die Äpfel schälen und reiben. MIt etwas Zitronensaft vermengen, damit sie nicht braun werden.
Das Lopino mit den Äpfeln und dem Apfelsaft gut verrühren (evtl. pürieren).
Die Lopinomasse mit Vollmeersalz und Pfeffer abschmecken.

Überbacken:
Rotkohl und Kartoffelscheiben abwechselnd auf ein gefettetes Backblech schichten, so daß je 3 Streifen Rotkohl und 3 Streifen Kartoffelscheiben entstehen.
Die Lopinomasse darüber gleichmäßig verteilen.
Im vorgeheizten Backofen (Elektroherd 200 °C, Heißluft 170 °C, Gas Stufe 3) 15 – 20 Minuten backen.

Tip: *Der Rotkohl kann auch mit Rotwein abgeschmeckt werden. Dazu sollte die Hälfte des Orangensaftes durch Rotwein ersetzt werden.*

KJ/Kcal	3098/743
Eiweiß	27
Fett	41
Kohlenhydrate	65

Gemüseauflauf *(ohne Abb.)*

Zutaten für 4 Personen:
1 kg Broccoli
1 Kohlrabi (ca. 100 g)
200 g Möhren
1 mittelgroße Zucchini
100 g geriebenen Käse (z. B. Gouda)
150 g Lopino
2 Bund Petersilie
2 Bund Schnittlauch
100 ml Gemüsebrühe
100 ml Milch oder Sojamilch
Vollmeersalz
Pfeffer
Muskat

Den Broccoli in Röschen zerteilen, die Broccolistiele und den Kohlrabi in Würfel schneiden und 10 Minuten in Salzwasser kochen. Das Wasser abgießen und das Gemüse abtropfen lassen.
Zucchini vierteln und in Scheiben schneiden.
Die Möhren in Scheiben schneiden.
Das Gemüse in einer Auflaufform verteilen.
Das Lopino pürieren.
Lopino, Käse, Milch (oder Sojamilch) und Brühe gut miteinander verrühren.
Die Petersilie und den Schnittlauch kleinhacken.
Mit Vollmeersalz, Peffer und Muskat abschmecken.
Die Sauce über das Gemüse geben.
Die Auflaufform in den vorgeheizten Backofen (Elektroherd 220 °C, Heißluft 190°C, Gas Stufe 4) auf die mittlere Schiene stellen und 40 Minuten backen, bis die Oberfläche eine braungelbe Farbe annimmmt.

KJ/Kcal	1175/282
Eiweiß	29 g
Fett	11 g
Kohlenhydrate	16 g

Moussaka *(ohne Abb.)*

Zutaten für 4 Personen

- 500 g Kartoffeln
- Salzwasser
- 500 g Auberginen
- 150 ml Olivenöl
- 200 g Sechskorngetreidemischung (z. B. Weizen, Roggen, Hafer, Gerste, Hirse, Buchweizen)
- 300 ml Wasser (zum Quellen)
- 1/2 TL Gemüsebrühe
- 3 kleine Zwiebeln (ca. 100 g)
- 250 g grüne Paprikaschoten
- 350 g Tomaten
- 1 Peperoni
- 1 Bund Petersilie
- 1/8 l Weißwein
- 1 TL Gemüsebrühe
- 1 TL Vollmeersalz
- 1 TL Basilikum
- 1 TL Salbei
- 1 TL Thymian

Zum Überbacken:

- 1/8 l Wasser
- 100 g Lopino
- 100 g Schafskäse
- 50 g Weizenvollkornmehl
- 2 EL Crème fraîche
- 1 TL Vollmeersalz

Die Kartoffeln mit Schale 10 Minuten in leicht gesalzenem Wasser kochen und abkühlen lassen. Die Kartoffeln abpellen und in ca. 1 cm dicke Scheiben schneiden.

Von den Auberginen die Stiele entfernen. Die Auberginen in 1 cm dicke Scheiben schneiden, diese leicht mit Vollmeersalz bestreuen und 1 Std. ziehen lassen. Die Scheiben anschließend trockentupfen.

300 ml Wasser und den 1/2 TL Gemüsebrühe aufkochen, die Getreidemischung hineingeben, eine Minute mitkochen und anschließend 40 Minuten bei niedriger Hitze quellen lassen.

Die Zwiebeln und die Peperoni würfeln, die Paprika in Streifen schneiden und die Petersilie kleinhacken.

Die Tomaten mit heißem Wasser überbrühen, die Haut abziehen und mit einem Mixer oder Pürierstab pürieren.

In einer Pfanne Olivenöl erhitzen und die Auberginenscheiben darin auf beiden Seiten ca. 3 Minuten anbraten.

Die Auberginenscheiben aus der Pfanne nehmen und in dem Öl die Zwiebeln, Paprika und Petersilie glasig dünsten.

Die pürierten Tomaten, Vollmeersalz Gemüsebrühe, Pfeffer und die Kräuter dazugeben. Mit dem Weißwein aufgießen.

Die Getreidemischung dazugeben und 5 Minuten mitkochen lassen.

Die Zutaten in folgender Reihenfolge in eine Auflaufform geben: Eine Schicht Kartoffeln, eine Schicht Auberginen, eine Schicht Gemüsemasse mit Getreidemischung. Die gleiche Reihenfolge noch einmal wiederholen.

Zum Überbacken werden Lopino und Schafskäse mit einem Mixer oder Pürierstab püriert und in eine Schüssel gegeben.

1/8 l Wasser, 2 EL Crème fraîche, 1 TL Vollmeersalz dazugeben, alles gut verrühren und über die Moussaka geben.

Im vorgeheizten Backofen 40 Minuten backen (Elektroherd 200 °C, Heißluft 170 °C, Gas Stufe 3).

KJ/Kcal	3433/823
Eiweiß	25 g
Fett	46 g
Kohlenhydrate	71 g

Spinatauflauf Toskana

Zutaten für 4 Personen
- 1,2 kg Blattspinat
- 50 ml Wasser
- 75 g Butter oder Margarine
- 100 g Weizenvollkornmehl
- 200 ml Milch
- 150 g Lopino
- 2 EL Kartoffelpüree (Instant)
- 200 g kräftiger Käse (z. B. Pecorino)
- 1 Eigelb
- 2 Eiweiß
- Vollmeersalz
- Schwarzer Pfeffer
- Mußkatnuß (frisch gerieben)
- Vollkornpaniermehl

Für die Knoblauchsauce:
- 100 ml Sahne oder Sojamilch
- 200 ml Magermilch
- 1 – 2 Knoblauchzehen
- 1EL Weizenvollkornmehl
- Vollmeersalz

Spinatauflauf:

Den frischen Spinat waschen, entstielen und mit 50 ml Wasser leicht erhitzen, bis der Spinat zusammenfällt. Anschließend den Spinat abtropfen und Abkühlen lassen und mit einem große Küchenmesser kleinschneiden.

Die Butter oder Margarine in einem Kochtopf schmelzen, das Mehl darin anschwitzen und mit der Milch ablöschen.

Glattrühren und 2 Minuten leicht kochen lassen.

Den Spinat und das Kartoffelpüree unterziehen und die Masse mit Vollmeersalz, schwarzem Pfeffer und frisch geriebener Muskatnuß würzen.

Die Masse etwas abkühlen lassen.

In der Zwischenzeit den Käse reiben, Lopino pürieren und das Eiweiß steif schlagen.

Den Käse, Lopino und das Eigelb unter die Masse mischen und das Eiweiß vorsichtig unterheben. Mit Vollmeersalz und scharzem Pfeffer abschmecken.

Den Backofen vorheizen (Elektroherd 200 °C, Heißluft 170°C, Gas Stufe 3).

Eine Gugelhupfform mit Margarine einreiben und gleichmäßig mit dem Vollkornpaniermehl (eine dicke Schicht) ausstreuen.

Die Masse in die Form füllen, wobei die Form nicht bis zum Rand gefüllt sein darf.

Die Backform in den vorgeheizten Backofen stellen und ca. 35 Minuten garen.

Knoblauchsauce:

Für die Sauce das Mehl mit 2 EL kalter Sahne verrühren. Die restliche Sahne und die Milch erhitzen. Das verrührte Mehl dazugeben.

Die Knoblauchzehen mit etwas Vollmeersalz in einem Mörser verrühren oder durch eine Knoblauchpresse pressen. In die Flüssigkeit geben.

Die Sauce kurz aufkochen und von der Platte nehmen.

In einer Sauciere zu dem Auflauf servieren.

Den Auflauf aus der Form auf eine Platte stürzen.

Den Auflauf mit der Knoblauchsauce servieren.

KJ/Kcal	2803/672
Eiweiß	44 g
Fett	42 g
Kohlenhydrate	44 g

Kartoffelgratin

Zutaten für 4 Personen

1 kg Kartoffeln
Vollmeersalz
Wasser
3 Zwiebeln (ca. 120 g)
2 grüne Paprikaschoten (ca. 120 g)
150 g Lopino
150 g Emmentaler Käse
1/8 l Weißwein
1/8 l Gemüsebrühe
1 Knoblauchzehe
1 Bund Petersilie
Vollmeersalz
weißer Pfeffer
frisch geriebene Muskatnuß
30 g Margarine oder Pflanzenöl zum Einfetten

Die Kartoffeln gut abwaschen und in einem Topf mit kaltem Salzwasser geben. Ab dem Kochen des Wassers 25 Minuten garen.

Zwiebeln in dünne Scheiben schneiden.

Die Paprikaschoten halbieren, putzen und in schmale Streifen schneiden.

Die Gemüsebrühe erhitzen und die Zwiebeln und Paprikastreifen darin 3 Minuten blanchieren. Das Gemüse aus der Brühe nehmen. Die Brühe nicht weggießen.

Den Käse reiben.

Lopino mit der Gemüsebrühe pürieren. Die Knoblauchzehe kleinhacken oder mit einer Knoblauchpresse oder Gabel zerdrücken. Die Petersilie kleinhacken.

Lopino, Käse, Weißwein und Knoblauch mit einem Mixer gut verrühren. Mit Vollmeersalz, weißem Pfeffer und Muskatnuß abschmecken.

Die Kartoffeln abgießen, kurz mit kaltem Wasser abschrecken, abpellen und in 1 cm dicke Scheiben schneiden.

Eine Auflaufform mit Margarine oder Pflanzenöl einfetten.

Kartoffeln, Zwiebeln und Parpikastreifen schräg hineinschichten.

Mit der Lopino-Käse-Weißwein-Masse übergießen.

Im vorgeheizten Backofen (220 °C, Heißluft 190 °C, Gas Stufe 4) auf der untersten Schiene in 15 Minuten backen.

KJ/Kcal	2016/483
Eiweiß	27 g
Fett	14 g
Kohlenhydrate	42 g

Italienischer Polenta-Lopino-Auflauf

Zubereitung für 4 Personen
Für die Polenta:
- 150 g Maisgrieß
- 450 ml Waser
- Vollmeersalz

Für den Auflauf:
- 200 g Lopino
- 6 EL Sojasauce
- 2 EL Olivenöl
- 100 g Dinkel
- 200 ml Wasser
- Vollmeersalz
- 200 g Tomaten
- 150 g Fenchel
- 200 g Champignons
- ca. 200 g grüne Bohnen
- 2 Zwiebeln
- 1 Knoblauchzehe
- 1 TL Basilikum
- 1 TL Thymian
- Margarine zum Einfetten

Vorbereitung für den Auflauf
Lopino mit einer Gabel zerdrücken und mit Olivenöl und der Sojasauce verrühren. Durchziehen lassen.
Wasser, Vollmeersalz und Dinkel aufkochen lassen und bei schwacher Hitze 1 Stunde weiterkochen lassen.

Zubereitung der Polenta
Wasser und Vollmeersalz in einem Topf zum Kochen bringen. Den Maisgrieß unter ständigem Umrühren einrieseln lassen.
Bei schwacher Hitze unter ständigem Umrühren ca. 5 Minuten kochen.
Bei schwächster Hitze mit geschlossenem Deckel 30 Minuten quellen lassen.
Die Polenta 1 cm dick auf ein feuchtes Backblech streichen und etwas abkühlen lassen.
Die Polenta in Rhomben schneiden.

Zubereitung des Gemüses
(während die Polenta quillt)
Das Gemüse putzen und waschen.
Die Tomaten in Achtel schneiden, den Fenchel in Streifen schneiden, die Champignons blättrig in Scheiben schneiden, von den Bohnen die Enden entfernen.
Salzwasser erhitzen und Fenchel, Champignons und die Bohnen darin 10 Miunten blanchieren. Das Wasser abgießen.
Die Zwiebeln halbieren und in halbe Scheiben schneiden.
Die Knoblauchzehe zerdrücken.

Zubereitung des Auflaufes
Eine Auflaufform einfetten.
Das Lopino mit dem Dinkel vermischen, die Hälfte als unterste Schicht in die Auflaufform geben.
Das Gemüse und die Kräuter miteinander vermischen und mit Vollmeersalz und Pfeffer abschmecken. Einige Tomatenachtel zur Garnierung zurückbehalten.
Die Hälfte der Gemüsemasse auf die Lopino-Dinkel-Masse geben.
Die zweite Hälfte der Lopino-Dinkel-Masse und der Gemüsemasse übereinander schichten.
Die Tomatenachtel am Rand der Auflaufform auf dem Auflauf verteilen.
Darauf die Polentarhomben geben.
Im vorgeheizten Backofen (Elektroherd 180 °C, Heißluft 150 °C, Gas Stufe 3) auf mittlerer Schiene ca. 20 Minuten überbacken.

KJ/Kcal	1930/463
Eiweiß	26
Fett	15
Kohlenhydrate	57

Blumenkohl-Kohlrabi-Topf
(s. Abb. S. 69)

Zubereitung für 4 – 6 Personen
200 g Lopino
2 EL Sesamöl
4 EL Sojasauce
1 Blumenkohl (ca. 1 kg)
700 g Kohlrabi
500 g Kartoffeln
Salzwasser
2 Zwiebeln
1 Knoblauchzehe
2 EL Pflanzenöl
250 g Tomaten
100 g Butter oder Margarine
1/4 l Milch
2 EL Weizenvollkornmehl
Vollmeersalz
weißer Pfeffer
frisch geriebene Muskatnuß
150 g frisch geriebener Parmesankäse
(oder ein anderer kräftiger Reibekäse)
Es wird eine Auflaufform mit
ca. 3,5 l Fassungsvermögen benötigt.

Lopino mit einer Gabel zerdrücken, mit dem Öl und der Sojasauce vermischen und 2 Stunden durchziehen lassen.
Den Blumenkohl putzen und in Röschen teilen. Den Kohlrabi schälen und in Scheiben schneiden (nicht zu schmal). Beides 10 Minuten in Salzwasser garen. 1/4 l vom Kochwasser aufbewahren. Gemüse gut abtropfen lassen.
Die Kartoffeln schälen, in dünne Scheiben schneiden und 6 Minuten in Salzwasser blanchieren. Gut abtropfen lassen.
Die Zwiebeln und den Knoblauch feinhacken. Im Öl goldbraun andünsten. Lopino dazugeben und 10 Minuten mitandünsten.
In der Zwischenzeit die Tomaten mit heißem Wasser überbrühen, abziehen und würfeln. Zu der Lopinomasse geben, mit Vollmeersalz und Pfeffer abschmecken. Die Masse in einem Topf unter Rühren solange einköcheln lassen, bis die Flüssigkeit verdampft ist.
80 g Butter oder Margarine in einem Topf schmelzen lassen. Das Mehl mit einem Schneebesen unterrühren und mit Milch und dem Blumenkohlwasser auffüllen. Die Sauce unter Rühren kurz aufkochen. Den Parmesankäse unterrühren und mit Muskat abschmecken.
Eine Auflaufform mit der restlichen Butter oder Margarine einfetten. Die Hälfte der Kartoffelscheiben als erste Schicht in die Form geben.
1/4 der Lopino-Tomaten-Masse darauf verteilen.
Die Hälfte des Kohlrabi daraufgeben und 1/4 der Lopino-Tomaten-Masse.
Den Blumenkohl darauf verteilen, die Hälfte der Käsesauce darübergießen und 1/4 der Lopino-Tomaten-Masse.
Die zweite Hälfte des Kohlrabis und 1/4 der Lopino-Tomaten-Masse daraufgeben.
Mit den restlichen Kartoffelscheiben abdecken und die 2. Hälfte der Käsesauce darübergießen.
Die Auflauform in den vorgeheizten Backofen (Elektroherd 220 °C, Heißluft 190 °C, Gas Stufe 4) auf die untere Schiene geben und 45 Minuten backen.

***Tip:** Dieses Gericht kann auch mit 1 TL Majoran und etwas Kerbel abgeschmeckt werden.*

KJ/Kcal	2632/631
Eiweiß	35 g
Fett	38 g
Kohlenhydrate	34 g

Mit Fisch

Rotbarschfilet mit Apfel-Rosmarin-Kruste

(s. Abb. S. 81)

Zutaten für 4 Personen
- 4 Rotbarschfilet à 200g (ersatzweise Kabeljaufilet)
- Vollmeersalz
- Saft einer halben Zitrone
- 200 g Lopino
- 2 EL Diestelöl
- 2 TL Gemüsebrühe
- 2 mittelgroße säuerliche Äpfel (z. B. Boskop)
- 1 Bund frischer Rosmarin oder 1 EL getrocknete Rosmarinnadeln
- weißer Pfeffer

Die Rotbarschfilet abspülen, trockentupfen, salzen und mit der Hälfte des Zitronensaftes beträufeln.

Den Backofen vorheizen (Elektroherd 200 °C, Heißluft 170 °C, Gas Stufe 3).

Für die Kruste Lopino mit einer Gabel fein zerdrücken und mit dem Öl und der Gemüsebrühe verrühren.

Einen Apfel schälen und das Fruchtfleisch reiben.

Das geriebene Fruchtfleisch mit dem restlichen Zitronensaft verrühren und unter die Lopinomasse heben.

Von den Rosmarinzweigen die Nadeln abzupfen und diese unter die Masse heben.

Die Masse mit Vollmeersalz und weißem Pfeffer abschmecken.

Von dem zweiten Apfel das Kerngehäuse entfernen, den Apfel schälen und in 8 Scheiben schneiden.

Die Rotbarschfilet auf ein gefettetes Backblech legen und mit je 2 Apfelringen belegen. Die Masse darauf gleichmäßig verteilen.

Das Blech auf mittlerer Schiene in den Backofen schieben. Den Fisch 25 – 30 Minuten backen, bis die Kruste eine zartbraune Farbe annimmt.

Tip: *Als Beilage schmeckt ein Kartoffelgratin.*

KJ/Kcal	1609/386
Eiweiß	51 g
Fett	16 g
Kohlenhydrate	10 g

Fischgulasch mit Senf-Dill-Sauce

(ohne Abb.)

Zutaten für 4 Personen
- 800 g Seelachsfilet
- Vollmeersalz
- Zitronensaft
- 1 Zwiebel (ca. 60 g)
- 2 EL Pflanzenöl

Für die Sauce:
- 150 g Lopino
- 120 ml Wasser
- 1 EL Stärke
- 1 TL Gemüsebrühe
- 3 EL Senf
- 1 – 2 Bund frischer Dill
- 1 Bund Petersilie
- 1 TL Senfkörner

Das Seelachsfilet unter Wasser gut abspülen, trockentupfen und in Würfel schneiden.

Die Fischwürfel mit Vollmeersalz und Zitronensaft würzen und im Kühlschrank ca. 1/2 Stunde ziehen lassen.

Für die Sauce in der Zwischenzeit den Dill und die Petersilie fein hacken. Für die Garnierung etwas Dill und Petersilie beiseite legen.

Die Stärke mit 3 EL des Wassers verrühren.

Lopino, Wasser, Stärke, Gemüsebrühe, Senf, Dill und die Petersilie in einem hohen Gefäß mit einem Pürierstab gut pürieren, bis sich etwas Schaum bildet. Mit Vollmeersalz abschmecken. Die Senfkörner zu der Sauce geben und beiseite stellen.

Die Zwiebel würfeln.

Das Öl in einer Pfanne mit höherem Rand auf mittlerer Flamme erhitzen. Die Zwiebelwürfel hineingeben und goldbraun anbraten.

Von den Fischwürfeln evtl. überflüssigen Zitronensaft abgießen. Die Fischwürfel zu der Zwiebel in die Pfanne geben und 5 Minuten mit anbraten. Dabei ab und zu wenden.

Die Senf-Dill-Sauce in die Pfanne geben, die Sauce kurz aufkochen lassen und alles zusammen weitere 10 Minuten bei schwacher Hitze garen.

Zum Servieren mit etwas Dill und Petersilie garnieren.

Tip: *Für die süßlichere Variante sollte die Sauce mit 1 – 2 EL Birnendicksaft abgeschmeckt werden oder anstelle des Feinen Senfes von Zwergenwiese der Senf mit Äpfeln & Honig verwendet werden. Als Beilage eignet sich Vollkornreis und ein Rohkostsalat.*

KJ/Kcal	1252/300
Eiweiß	48 g
Fett	10 g
Kohlenhydrate	6 g

Schlemmerröllchen mit Weißweinsauce

Zutaten für 4 Personen
- 8 Fischfilets à 100 g (Scholle, Seezunge oder Limandes)
- Vollmeersalz
- Zitronesaft
- 150 g Lopino
- 4 – 5 EL Shoyu
- 1 1/2 EL Senf
- 1 TL getr. Estragon oder 1 Bund frisches Estragon
- 1 Zwiebel (ca. 60 g)
- 80 g Champignons
- 50 g Getreide-Sechskorn-Mischung
- 100 ml Gemüsebrühe
- 1 EL Hirse
- 8 Wirsingblätter

Rieslingsauce:
- 1 Zwiebel
- 1 EL Margarine
- gut 1/4 l trockener Weißwein
- 200 ml Sahne
- Vollmeersalz
- weißer Pfeffer
- etwas Zitronensaft

Fischröllchen

Gemüsebrühe erhitzen, die Getreide-Sechskorn-Mischung dazugeben, 5 Minuten kochen lassen und 40 Minuten bei schwacher Hitze quellen lassen.

Fischfilet abspülen, trockentupfen, salzen und mit Zitrone beträufeln

Die Wirsingblätter waschen, die Stiele in Stücke schneiden. Die Wirsingblätter mit heißem Wasser überbrühen. Kurz in heißem Wasser ziehen lassen, kalt abschrecken und abtropfen lassen.

Lopino mit einer Gabel zerdrücken. Mit Senf, Shoyu und Estragon abschmecken.

Die Zwiebel und die Champignons kleinwürfeln, Fett in einer Pfanne erhitzen und beides andünsten. Zusammen mit der Getreidemischung und der Hirse unter die Lopinomasse heben.

Jeweils 1 Fischfilet mit einem Wirsingblatt so belegen, daß das Blatt über das Filet reicht.

Jeweils einen guten EL Lopinomasse auf das Wirsingblatt geben. Das Wirsingblatt so um die Füllung wickeln, daß diese ganz eingeschlossen ist.

Das Fischfilet um das Wirsingblatt rollen und mit einem Holzstäbchen verschließen. In die Auflaufform setzen.

Sauce:

Die Zwiebel sehr fein würfeln. Die Margarine in einem Topf erhitzen und die Zwiebeln darin andüsten.

Mit Weißwein und Sahne ablöschen und bei mittlerer Hitze ca. um ein Drittel einreduzieren.

Mit Vollmeersalz, Pfeffer und etwas Zitronensaft abschmecken (nicht zu stark würzen).

Mit einem Schneebesen kräftig durchschlagen, so daß sich etwas Schaum bildet. Über den Fisch geben.

Im vorgeheizten Backofen (Elektroherd 200 °C, Heißluft 170 °C, Gas Stufe 3) zugedeckt 20 Minuten garen.

Tip: *Als Beilage passen zu den Schlemmerröllchen Kartoffeln oder eine Reis-Wildreis-Mischung. Ein Rohkostsalat aus geraspelten Möhren, Äpfeln, etwas geraspeltemSellerie und Kresse mit gehackten Wal- oder Haselnüssen und einer Zitronen-Honig-Sauce rundet das Gericht ab.*

KJ/Kcal	2310/554
Eiweiß	51 g
Fett	24 g
Kohlenhydrate	19 g

Schlemmerfilet à la Lopino

Zutaten für 4 Personen

800 g Fischfilet (Rotbarsch, Kabeljau oder Seelachs)
Vollmeersalz
Zitronensaft
200 g Lopino
1 EL Gemüsebrühe
80 g Vollkornpaniermehl
1 TL Kräuter der Provence
1/2 TL Paprika, edelsüß
80 g Margarine
2 Tomaten
1 – 2 Zwiebeln ca. 100 g
etwas Margarine zum Einreiben

Das Fischfilet abspülen, trockentupfen, salzen und mit Zitronensaft beträufeln.

Lopino mit einer Gabel fein zerdrücken. Mit Gemüsebrühe, Kräutern der Provence und dem Paprikapulver vermischen.

Mit dem Vollkornpaniermehl vermengen.

Die Margarine gut unterrühren. (Am besten mit einem Handmixer).

Die Zwiebeln würfeln, Öl in einer Pfanne erhitzen und andünsten.

Die Tomaten würfeln und zusammen mit den Zwiebeln unter die Lopinomasse heben.

Eine ausreichend große Auflaufform einfetten.

Die Fischfilet in die Auflaufform legen. Die Lopinomasse darauf verteilen.

Im vorgeheizten Backofen (Elektroherd 220 °C, Heißluft 190 °C, Gas Stufe 4) auf mittlerer Schiene ca. 30 – 40 Minuten backen. (je nach erwünschtem Bräunungsgrad).

Tip: *Dazu Kartoffeln oder Vollwertreis und einen Rohkostsalat.*

KJ/Kcal	2158/517
Eiweiß	54 g
Fett	28 g
Kohlenhydrate	18 g

Desserts

Mousse au Chocolat mit Himbeerpüree

Zutaten für 4 Personen
Für die Mousse
- 150 g Lopino
- 50 g Crème fraîche oder Sojacreme
- 250 ml Sahne
- 2 Eier
- 1 EL Sherry
- 1 1/2 EL Kakaopulver oder Carobpulver
- 1 TL Instant Kaffeepulver
- 80 g Rohzucker
- Wasser für ein Wasserbad

Für das Himbeerpüree:
- 250 g Himbeeren
- 2 EL Rohzucker
- 1 TL Speisestärke

Zubereitung der Mousse:
Lopino, Crème fraîche und Sherry in einem Mixer pürieren.
Die Masse in eine Schüssel geben und mit dem Kakao oder Carob und Kaffee mischen.
Die Eier trennen.
Den Rohzucker und Eigelb mit 3 Eßlöffeln Sahne in einer Schüssel über dem Wasserbad mit einem Schneebesen zu einer dicken, schaumigen Creme aufschlagen. Die Schüssel vom Wasserbad nehmen.
Die Lopino/Crème fraîche nach und nach unterrühren.
Das Eiweiß und die Sahne jeweils steif schlagen und beides vorsichtig unter die Creme rühren, bis eine glatte Masse entsteht.
Die Mousse in einer Schüssel im Kühlschrank abkühlen lassen.

Zubereitung des Himbeerpürees:
Für die Dekoration einige ganze Himbeeren abnehmen und beiseite legen.
50 ml Wasser und den Rohzucker in einem geschlossenen Topf bei mittlerer Hitze erhitzen, bis der Zucker geschmolzen ist.
Die restlichen Himbeeren und die Stärke dazugeben und 1 Minuten durchkochen, bis die Stärke die Flüssigkeit leicht abgebunden hat.
Das Püree durch ein Passiersieb geben, um die Himbeerkerne abzusieben.
Ebenso wie die Mousse im Kühlschrank abkühlen lassen.

Tip: *Als Garnitur eignen sich neben den ganzen Himbeeren einige Zitronenmelissenblättchen.*

KJ/Kcal	2047/491
Eiweiß	16 g
Fett	29 g
Kohlenhydrate	38 g

Bananencreme mit Schokoladensauce

Zutaten für 4 Personen
Für die Bananencreme
- 2 Bananen
- 150 g Lopino
- 25 ml Wasser
- 2 – 3 EL Birnendicksaft
- 2 – 3 EL Zitronensaft

Für die Schokoladensauce:
- 100 g Zartbitterschokolade
- 3 EL Zuckerrohrgranulat
- 100 ml Milch
- 100 ml Sahne
- 1 TL Speisestärke

Garnitur:
- 1 Orange
- Kakaopulver
- Minzeblätter

Bananen, Lopino, Wasser, Birnendicksaft und Zitronensaft zusammen pürieren bis eine homogene Creme entsteht. 1 Stunde durchziehen lassen.

Schokolade raspeln.

Für die Sauce die Milch, die Stärke und das Zuckerrohrgranulat bei schwacher Hitze kurz aufkochen. Den Topf von der Herdplatte nehmen, Sahne und Schokolade unterrühren. Vorsichtig erwärmen, bis die Schokolade geschmolzen ist.

Die Orange wird filetiert (geschält und in Scheiben geschnitten).

Die Teller werden mit dem Kakaopulver bestreut. Darauf wird die Bananencreme angerichtet. Die Schokoladensauce wird an die Creme angelegt. Der Teller mit je zwei Orangenscheiben und Minzeblättern dekoriert.

Tip: *Die Orangenscheiben können auch mit Portwein oder Sherry beträufelt werden. Wer weniger Zeit aufwenden möchte, kann für die Sauce Mokka Linda von Zwergenwiese mit etwas Sahne verrühren und dieses vorsichtig erhitzen. Nicht kochen!*

KJ/Kcal	1611/386
Eiweiß	14 g
Fett	17 g
Kohlenhydrate	42 g

Buchweizencrêpes mit Vanillecreme an Obstsalat *(s. Abb. S. 87)*

Zutaten für 4 Personen
Für die Crêpe:
7 EL Buchweizenvollkornmehl
1 Ei
1/4 l Milch
1 Prise Vollmeersalz
ca. 30 g Margarine

Für die Vanillecreme:
150 g Lopino
150 g Sahnequark oder Sojacreme
1 Vanilleschote
6 EL Birnendicksaft

Für den Obstsalat:
Früchte nach Saison
100 g Wal- oder Haselnüsse ohne Schale
2 EL Rohzucker

Herstellung der Crêpes:
Das Mehl, Vollmeersalz und das Ei in eine Schüssel geben.
Während mit einem Rührgerät oder einem Schneebesen der Teig gerührt wird, nach und nach die Milch zugeben. Solange weiterrühren, bis ein glatter Teig entstanden ist.
Ein wenig Margarine auf mittlerer Stufe in einer Pfanne erhitzen.
1/4 des Teiges in die Pfanne gießen. Beim Eingießen die Pfanne drehen, bis der Boden gleichmäßig bedeckt ist.
Die Crêpes von beiden Seiten goldbraun backen.

Herstellung der Vanillecreme:
Das Lopino mit einem Pürierstab sehr fein pürieren.
Den Sahnequark mit dem Lopino zu einer gleichmäßigen Creme verrühren.
Die Vanilleschote der Länge nach mit einem Messer aufritzen, die Vanille herauskratzen und in die Creme geben.
Den Birnendicksaft unterrühren.

Herstellung des Obstsalates:
Die Früchte kleinschneiden.
Die Nüsse kleinhacken. Zusammen mit den Früchten und dem Rohzucker verrühren.
Den Obstsalat 1 Stunde durchziehen lassen.

Anrichten:
Die Crêpe auf einen Teller geben.
Die Hälfte der Crêpe mit 1/4 Vanillecreme befüllen und die andere Hälfte der Crêpe darüberklappen.
Mit dem Obstsalat garnieren.

KJ/Kcal	2359/566
Eiweiß	23 g
Fett	34 g
Kohlenhydrate	42 g

Register

Meine Lopino-Rezepte

Meine Lopino-Rezepte

Schicken Sie uns Ihre Lopino-Rezepte! Vielleicht veröffentlichen wir gerade Ihr bestes Rezept im nächsten Lopino-Kochbuch.

Impressum

1. Auflage 1995

Altera Verlagsgesellschaft mbH
Korffsdeich 6 – 7
28217 Bremen
Tel. 0421/3 96 86 33
Fax 0421/3 96 86 35

Umschlagentwurf: Ulrich Seutter
Layout und Satz: Seutter Typografie, Bremen
Fotos: Michael Nath, Vechta
Lithos: Prolitho, Bremen
Druck und Verarbeitung: Interdruck, Leipzig

Papier: 100 % Recycling

Printed in Germany

CIP-Titelaufnahme der Deutschen Bibliothek:

Buchecker, Kirsten
Das Lopino-Kochbuch
Zeitgemäße Küche mit einem neuen
Lebensmittel/Kirsten Buchecker
– Altera Verlagsgesellschaft, 1995

ISBN 3-930025-09-4